첨단과학
LIVE 과학

⑪ 인공지능 로봇

천재교육

LIVE 과학

글 / 최재훈
학습 만화와 청소년 교양서, 온라인 에듀테인먼트 게임 등을 넘나들며 어린이와 청소년이 즐겁게 공부할 수 있는 다양한 콘텐츠를 만들고 있습니다. '꿈의 멘토', '미션 돌파 과학 배틀', '헬로 마이 잡', 'who?' 시리즈를 비롯한 여러 학습 만화 집필에 참여하였습니다.

그림 / 김기수
어린이들이 흥미롭고 즐겁게 배우며 꿈을 키울 수 있는 만화를 그리고 있습니다. '마법천자문 부수마법편', '마법천자문 영문법 원정대', 'LIVE 한국사', 'LIVE 과학' 시리즈에 참여하였고, 〈SCIENCE UP! 지진과 화산〉 등의 도서를 출간했습니다.

감수 / 유정수
전자계산학(인공지능 분야) 박사로, 전주교육대학교 컴퓨터교육과에서 교수로 일하고 있습니다. 한국과학창의재단, 한국정보교육학회, 네이버 등 여러 단체와 기업에서 소프트웨어 교육의 대중화를 위해 힘쓰고 있습니다.

LIVE 과학 첨단과학 011 인공지능 로봇

발행일: 2018년 7월 16일 초판 / 2024년 1월 2일 2쇄
발행처: (주)천재교육
기획편집: 박세경 / **책임편집**: 이유미, 오혜환
글: 최재훈 / **그림**: 김기수 / **학습 구성 및 감수**: 유정수
표지 사진 제공: 셔터스톡
본문 사진 제공: 셔터스톡, 위키피디아, 연합뉴스
신고번호: 제2001-000018호(1980.5.28)
팩스: 02-3282-1717 / **고객만족센터**: 1577-0902
주소: 08513 서울특별시 금천구 가산로 9길 54 / **홈페이지**: www.chunjae.co.kr

ISBN 979-11-259-7790-2 74400
ISBN 979-11-259-7779-7 74400(세트)

이 책은 저작권법에 보호받는 저작물이므로 무단 복제, 전송은 법으로 금지되어 있습니다.

추천의 글

새 과학 교육 과정의 핵심 키워드는 바로 **창의와 융합**입니다. 이제 과학 교육은 이론과 실험에 치중했던 기존 방향에서 타 과목과 연계하여 사고하고 또 새로운 아이디어를 창조하는 방향으로 변화하고 있습니다. 〈라이브 과학〉은 이러한 교육 경향에 발맞춰 기획된 학습 만화로, 한정된 분야의 지식이 아닌 **주제와 관련된 광범위한 지식의 확장을 추구하는 만화**입니다.

주인공 아라와 누리는 외계의 로봇입니다. 이들은 지구와 인간에 대해 배우러 왔다가 우연히 지구의 네트워크를 무너뜨리려는 악당과 싸우게 됩니다. 지구의 모든 것이 마냥 신기한 외계 로봇의 시선을 통해 과학 전 분야에 걸친 지식을 습득하고, 과학의 다양한 문제를 새롭게 바라보며 함께 생각할 수 있습니다.

4차 산업 혁명이 시작되는 과학의 전환기, 그 미래의 시작을 〈라이브 과학〉과 함께하시길 바랍니다.

서울교대 과학교육과 교수, 물리교육학 박사
전영석

우리는 그 어느 시기보다 빠른 변화로 인해 날마다 새로워지는 4차 산업 혁명의 시대에 살고 있습니다. 사물과 사물, 인간과 사물 등 모든 것이 연결되는 사회, 인공지능과 로봇이 공존하는 생활이 펼쳐질 것입니다. 오늘날 최첨단의 과학 기술은 이로운 만큼 한편으로는 해킹과 바이러스 등에 공격당할 위험 요소를 가지고 있습니다. 하지만 우리가 첨단 과학이 가진 장단점을 잘 알고 대비한다면 미래가 그저 두렵기만 하지는 않을 것입니다. **과학 기술은 항상 인간의 행복을 위하여 발전해야 합니다.**

〈라이브 과학〉은 변화된 새 교육 과정에 맞춰 첨단 과학·융합 과학·통합 과학을 강조하는 전문성 있는 커리큘럼으로 구성되어 있습니다. 그중 **최신 과학 주제를 적절히 골라내어 아이들 눈높이에 맞게** 잘 녹여 냈습니다. 또한 **과학으로 미래를 준비하는 꿈나무들의 훌륭한 밑거름**이 될 지식을 잘 버무려 담았습니다. 모든 아이들이 기초부터 차근차근, 깔깔 웃으며 배우길 소망합니다.

전주교대 컴퓨터교육과 교수, 전자계산학(인공지능 분야) 박사
유정수

이 책의 특징

1. 과학 원리 이해!

어렵고 복잡하기만 했던 과학 원리를 만화로 재미있게 익힐 수 있습니다.

첨단 과학, IT 등 최신 과학 이슈가 가득!

2. 핵심 내용이 한눈에, 인포그래픽!

과학 핵심 정보가 시각화되어 있어 정보를 빠르고 쉽게 이해할 수 있습니다.

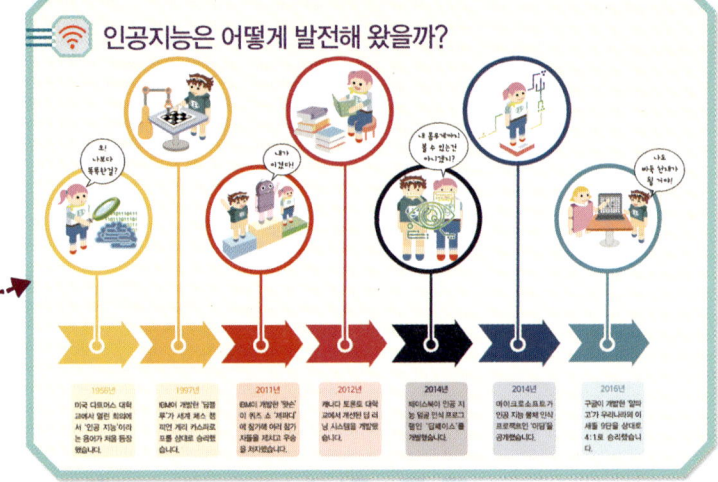

3. 사고력을 키우는 통합 과학!

수학, 역사, 음악, 미술 등 다양한 과목과 연계된 공통의 주제를 통해 지식의 폭을 넓힙니다.

경제로 과학 읽기 — 공장이 거대 컴퓨터로 변하는 스마트 팩토리

스마트 팩토리는 공장 안의 모든 장비가 센서와 무선 통신으로 연결된 첨단 공장입니다. 이곳에서는 프로그래밍이 된 기계가 물건의 생산 개수와 종류를 자동으로 계산합니다. 또 기계 고장과 불량품도 즉시 골라냅니다.
스마트 팩토리를 가장 먼저 만든 기업은 미국의 제너럴 일렉트릭입니다.

제너럴 일렉트릭은 에디슨이 세운 전기 조명 회사로부터 발전해 세계적인 기업이 되었어!

▲ 제너럴 일렉트릭의 스마트 팩토리

3D 애니메이션

2D 애니메이션

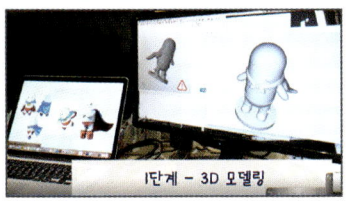
과학 동영상

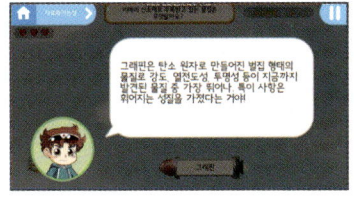
모바일 과학 게임

4 다양한 주제의 멀티미디어!
라이브 과학 애플리케이션을 이용하여 3D·2D 애니메이션, 과학 동영상 등을 만화와 함께 즐길 수 있습니다.

5 모바일 과학 게임!
만화로 얻은 지식을 재미있는 과학 게임으로 확인할 수 있습니다.

첨단 과학을 생생한 영상으로!

각 권마다 5편의 영상이 담겨 있어.

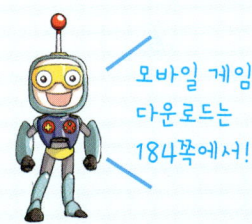
모바일 게임 다운로드는 184쪽에서!

멀티미디어 이용 방법

☆ 앱으로 라이브 영상을 감상하려면?

① QR코드를 통해 앱 설치 페이지로 이동하여 〈라이브 과학〉 앱 다운로드!

다운로드 페이지로, GO!

② 앱에서 각 권의 콘텐츠를 담은 뒤 버튼을 눌러서 카메라를 실행합니다.

③ 만화 속 '라이브 영상' 코너에서 카메라 마크가 있는 칸 전체를 비추면 해당 주제의 멀티미디어 재생!

이 마크가 있는 칸을 향해 찰칵~ 찍기만 하면 애니메이션이 짠!

차례

| 멀티미디어 이용 방법 | 5 |
| 지난 이야기 | 8 |

1장 로봇과 인간은 무엇이 닮았을까? ·················· 10

2장 인공지능이란 무엇일까? ·················· 48

3장 인공지능 학습법은 무엇일까? ·················· 80

4장 인공지능 로봇이 인간을 대신할 수 있을까? ·················· 114

5장 미래의 로봇은 어떤 기능을 가지게 될까? ·················· 144

라이브 영상	24, 32, 39, 124, 161
인포그래픽 핵심 과학	44, 76, 110, 140, 180
플러스 통합 과학	46, 78, 112, 142, 182
도전! 과학 퀴즈 / 모바일 과학 게임	184
정답과 해설	196

만화 하단의 ★표시는 과학 관련 어휘, ▶표시는 일반 어휘로 구분하였습니다.

등장인물 소개

아라

"난 인공지능을 탑재한 최첨단 로봇이야!"

빅토피아에서 개발한 인공지능 여자 로봇으로, 머리보다는 행동이 앞서는 성격이다.

누리

"인공지능 로봇 데이터를 수집해 볼까?"

빅토피아에서 개발한 인공지능 남자 로봇으로, 지적 호기심이 왕성하며 신중한 성격이다.

삐에

"나는 누구? 여긴 어디?"

인공지능 로봇 데이터를 수집하는 빅토피아의 마스터봇이지만, 불의의 사고로 기억을 잃어 깜빡깜빡한다.

철수 박사
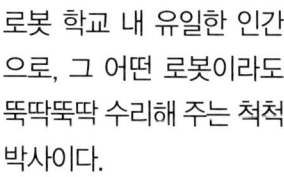
"내가 고칠 수 없는 로봇은 없어!"

로봇 학교 내 유일한 인간으로, 그 어떤 로봇이라도 뚝딱뚝딱 수리해 주는 척척박사이다.

소피 선생님

"로봇이 인간보다 똑똑해지도록 교육하겠어!"

로봇 학교 우등반 담임으로, 인공지능 로봇이 인간보다 우월해질 수 있다고 생각한다.

세틱

"난 로봇 학교 최고의 우등생이지!"

우등반 학생으로, 삐에를 비롯해 자기보다 못한 로봇들을 무시하고 차별한다.

1장 로봇과 인간은 무엇이 닮았을까?

★로봇 : robot. 어떤 작업이나 조작을 자동으로 해 나가는 기계 장치.
▶목표 : 어떤 목적을 이루려고 하는 대상.

★[10쪽] 데이터 : data. 관찰이나 조사로 얻은 사실이나 정보. 또는 컴퓨터가 처리할 수 있는 형태의 문자, 숫자, 소리, 그림 등의 모든 정보.

▶ 스팸 : spam. 여러 사람에게 무작위로 발송된 이메일이나 문자 메시지.
▶ 모험담 : 모험을 하면서 겪은 사실이나 행동에 대한 이야기.

▶ **호랑이도 제 말 하면 온다** : 다른 사람에 관한 이야기를 하는데 공교롭게 그 사람이 나타나는 경우를 이르는 말.

톡톡 과학 — 로봇은 언제 처음 탄생했을까?

로봇이란 단어는 1920년대 체코의 극작가 카렐 차페크가 쓴 ▶희곡 〈로섬의 ★인조인간〉에서 처음 등장하였다. 그는 체코어로 강제 노동을 뜻하는 '로보타'의 글자를 따서 로봇이라는 용어를 만들었는데, 희곡 속 로봇은 인간의 일을 대신하는 존재로 등장한다.

상상으로만 머물던 로봇은 20세기 후반부터 산업 현장에서 사용되었다. 1961년 산업용 로봇 '유니메이트(Unimate)'의 등장을 시작으로, 산업용 로봇이 본격적으로 개발되어 자동차와 반도체 산업 등 제조 산업을 중심으로 퍼져 나갔다. 2000년대 이후부터는 음성 인식 기술과 정보 기술 등이 결합한 형태의 로봇이 만들어지면서 지능형 로봇에 대한 관심으로 이어지고 있다.

▲ 연극 '로섬의 인조인간' 공연 장면

★**인공지능** : 인간처럼 학습하며 생각하고, 판단하는 등의 능력을 갖춘 컴퓨터 시스템.
▶**희곡** : 등장인물들의 행동이나 대화를 기본 수단으로 하여 표현하는 예술 작품.

★[14쪽] 인조인간 : 인간과 비슷한 형태를 가지며, 걷기도 하고 말도 하는 기계 장치.
★안드로이드 : android. 인간과 똑같은 모습을 하고 인간과 닮은 행동을 하는 로봇.

▶ **교무실** : 교사가 교재를 준비하는 등 여러 가지 일을 맡아보는 곳.
▶ **절차** : 일을 이루기 위해 거쳐야 하는 순서나 방법.

▶ 등록 : 일정한 자격 조건을 갖추기 위하여 단체나 학교 등에 문서를 올림.
▶ 면담 : 서로 만나서 이야기함.

▶ **지원자** : 어떤 일이나 조직에 뜻을 두어 한 구성원이 되기를 바라는 사람.
▶ **좌석** : 앉을 수 있게 마련된 자리.

▶ 시야 : 눈에 보이는 범위.
▶ 취하다 : 어떤 특정한 자세를 하나.

▶ **특기** : 남이 가지지 못한 특별한 기술이나 기능.
▶ **장기** : 가장 잘하는 재주.

▶ **볼륨** : volume. 목소리의 크기나 우렁찬 정도.
▶ **지식** : 교육이나 경험, 또는 연구를 통해 얻은 정보.

튜링 테스트란 무엇일까?

튜링 테스트는 영국의 수학자이자 컴퓨터 공학자인 ★앨런 튜링이 제안한 인공지능 판별법으로, 1950년에 발표한 〈기계도 생각할 수 있을까?〉라는 논문에 실려 있다.

상대가 인간인지 인공지능인지 모르는 상태에서 ▶채팅하도록 한 뒤, 상대의 정체를 알아맞히도록 하는 이 튜링 테스트를 통해 인공지능이 얼마나 인간에 가까워졌는지를 판단할 수 있다.

그리고 그로부터 65년 뒤인 2014년, 영국의 레딩 대학교는 '유진 구스트만'이라는 슈퍼컴퓨터가 최초로 튜링 테스트를 통과하는 데 성공했다고 발표했다.

▲튜링 테스트를 제안한 앨런 튜링

★**앨런 튜링(1912~1954년)** : 영국의 컴퓨터 공학자이자 수학자. 튜링 머신을 구상하여 컴퓨터 과학의 토대를 마련하였다.

▶ [22쪽] 채팅 : chatting. 전자 게시판이나 통신망에서, 여러 사용자가 다양한 주제를 가지고 실시간으로 모니터 화면을 통하여 대화를 나누는 일.

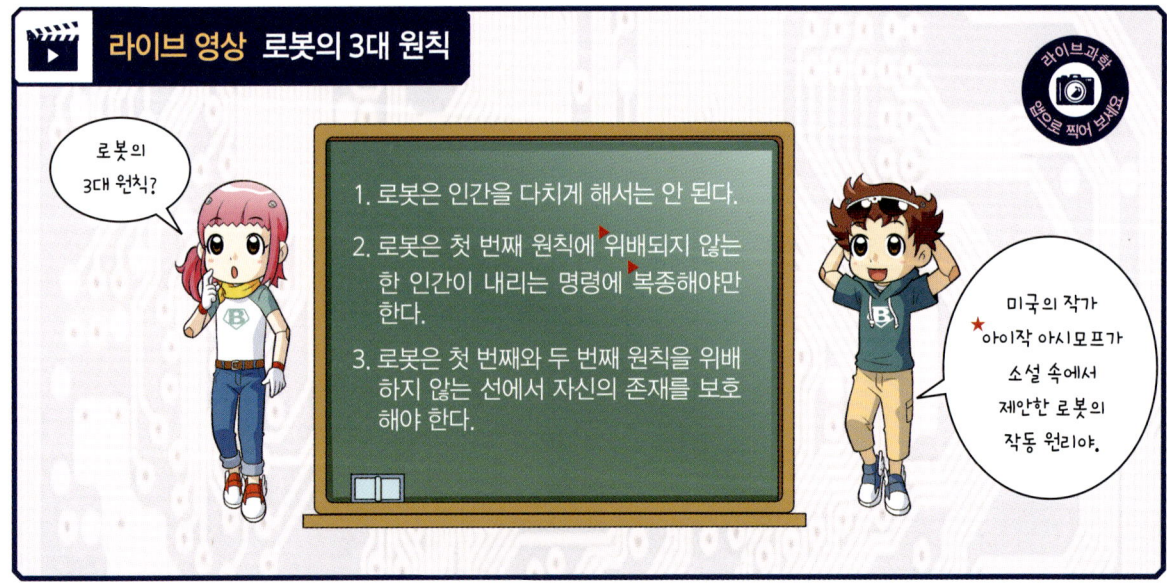

▶ **위배되다** : 법률, 명령, 약속 등이 지켜지지 않고 어겨지다.
▶ **복종하다** : 남의 명령이나 의사를 그대로 따라 하다.

★[24쪽] 아이작 아시모프(1920년~1992년) : 미국의 과학 소설 작가. 과학 소설 분야에서 최고의 작가로 손꼽히며, 과학 대중화에 기여한 작가로 알려져 있다.

▶ 대놓고 : 사람을 앞에 놓고 거리낌 없이 함부로.
▶ 예상 : 앞으로 일어날 일을 미리 헤아림.

▶ **통과하다** : 시험 등에서 해당 기준이나 조건에 맞아 인정되거나 합격하다.
▶ **배정하다** : 나누어 정하다.

우리 로봇 학교는 최고의 로봇 인재를 키우는 곳입니다. 각기 특성에 맞게 훈련시켜 필요한 곳으로 보내지요. 이 로봇들은 가사 도우미용 로봇들입니다.

한국인이 가장 좋아하는 김치볶음밥은 산도가 높은 잘 익은 김치를 써야 해요.

pH 0.7

김치를 자를 때, 정확한 간격을 유지해 주세요.

간격 1cm

▶ 인재 : 어떤 일을 할 수 있는 학식이나 능력을 갖춘 사람.
▶ 산도 : 산성의 세기를 나타내는 정도. pH(수소 이온 농도 지수)로 나타낸다.

▶ 레시피 : recipe. 음식을 만드는 방법.
▶ 안면 인식 시스템 : 미리 등록된 사용자의 얼굴과 비교해 본인 여부를 확인하는 시스템.

▶ **특화** : 특정한 분야로 전문화함.
★ [31쪽] **바이러스** : virus. 정상적인 프로그램과 데이터를 파괴하는 악성 프로그램.

▶ **격리** : 전염병 환자나 면역성이 없는 환자를 다른 곳으로 떼어 놓음.
▶ **옮다** : 병이 다른 이에게 전염되거나 다른 이에게서 전염되다.

라이브 영상 로봇의 분류

로봇은 인간의 편의를 위해 개발되었으며 크게 생활과 산업에 쓰이는 로봇으로 분류하고 있다. 산업 분야에서 쓰이는 로봇은 공장의 자동화 시스템에 맞춰 개발되었으며, 서비스 로봇은 일상생활에 도움이 되는 분야를 중심으로 발전해 왔다.

분류	산업용 로봇	서비스용 로봇	
		개인 서비스용	전문 서비스용
정의	산업 제조 현장에서 인간 대신 노동하는 로봇	개인 또는 가정의 일상생활에서 사용되는 로봇	전문가를 보조하며 서비스를 돕는 로봇
활용 분야	용접, 조립 등의 산업적인 목적	청소, 심부름, 오락, 애완 등의 여가 목적	수술, 화재 진압, 우주 탐사 등의 특수 목적

▶ 산업용 : 생산하거나 재생산하는 데에 쓰임.
▶ 편의 : 형편이나 조건 등이 편하고 좋음.

★[32쪽] 시스템 : system. 필요한 기능을 실현하기 위해 관련 요소를 어떤 법칙에 따라 조합한 집합체.

▶ 기초 : 사물이나 일 등의 기본이 되는 토대.
▶ 우등 : 성적이 우수한 등급.

▶ [34쪽] 열등 : 성적이 낮아서 보통 수준에 못 미치는 등급.
▶ 가슴에 손을 얹다 : 양심에 근거를 두다.

▶ [37쪽] 짐작 : 사정이나 형편 등을 어림잡아 헤아림.
★ [37쪽] 메모리 칩 : 일시적 또는 영구적인 정보 기억 장치.

▶ 임무 : 해야 할 일.
▶ 담임 : 어떤 학급이나 학년을 책임지고 맡은 사람.

★[39쪽] 제어 장치 : 조작이나 작동을 통해 어떤 목적하는 상태를 변화시키거나 일정하게 유지하기 위한 장치.

라이브 영상 로봇과 인간의 신체 비교

로봇은 인간의 두뇌에 해당하는 ★제어 장치, 인간의 팔과 다리처럼 로봇을 움직이게 하는 ★구동 장치, 인간의 ★감각 기관 역할을 하는 센서 장치, 인간에게 있어서 음식과 같이 로봇에 에너지를 공급하는 전원 장치 등으로 구성되어 있다.

로봇이 센서 장치를 통해 주변의 환경을 감지하면 제어 장치는 미리 입력된 프로그램에 따라 어떠한 반응을 보일지 판단하고, 이 결과를 명령 신호로 바꾸어 구동 장치에 전달하여 로봇이 움직일 수 있는 것이다.

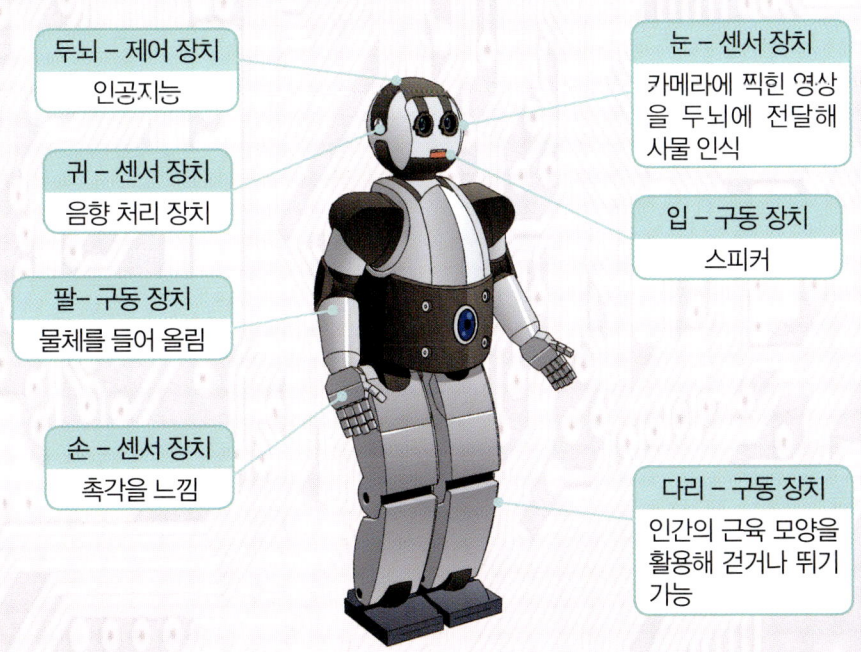

★**구동 장치** : 기계 등의 동력 기구를 움직이는 장치.
★**감각 기관** : 동물의 몸에서 외부의 자극을 받아들여 뇌로 전달하는 기관.

▶ **지능** : 계산이나 문장 작성 등의 지적 작업에서 성취 정도에 따라 정해지는 적응 능력.
▶ **추측성** : 미루어 짐작하여 확실하지 못한 성질.

▶ 과잉 : 예정하거나 필요한 수량보다 많아 남음.
▶ 난폭하다 : 행동이 몹시 거칠고 사납다.

▶ 쓸모 : 쓸 만한 가치.
▶ 각오 : 앞으로 해야 할 일이나 겪을 일에 대한 마음의 준비.

▶ 마귀할멈 : 옛날이야기에 나오는 늙고 못된 귀신.
▶ 위대하다 : 뛰어나고 훌륭하다.

인포그래픽 핵심 과학

인공지능의 역사

1세대 단순 제어 프로그램

2세대 경로 탐색, 정보 검색

3세대 머신 러닝

1950년대
다트머스 회의를 통해 '인공지능'이란 용어 첫 등장

1960~70년대
연구 개발이 주춤하여 각국의 지원이 중단됨

2000년대
인터넷상의 수많은 문서 정보로 머신 러닝 발달

1940년대
인공지능의 개념 등장

1980년대
인공지능이 다시 주목받기 시작함

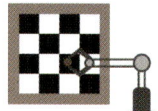

1997년
IBM의 '딥블루', 세계 체스 대회에서 우승

4세대
딥 러닝

인공지능의 미래는?

2010년대
인간의 뇌를 모방한 방식인 딥 러닝 도입

2014년
페이스북이 인공지능 얼굴 인식 프로그램인 '딥 페이스' 개발

2011년
IBM의 '왓슨', 퀴즈쇼에서 우승

2014년
마이크로소프트가 인공지능 물체 인식 프로젝트인 '아담' 공개

2015년
구글이 개발한 '알파고'가 최초로 바둑 경기에서 프로 바둑 기사를 이김

플러스 통합 과학

인물로 정보통신 읽기 — 인공지능의 아버지라 불리는 사람은?

자연 과학에 노벨상, 수학에 필즈상이 있다면 컴퓨터 과학에는 튜링상이 있어요. 이는 영국의 수학자이자 컴퓨터 공학자인 앨런 튜링의 이름을 딴 것입니다.

튜링은 한 논문에서 '튜링 기계'라고 불리는 가상의 연산 기계를 발표했어요. 이 기계는 현대의 컴퓨터와 같은 원리로 작동되었지요. 이후 **'튜링 기계'는 현대 컴퓨터의 첫 단추가 되었습니다.**

튜링은 제2차 세계 대전 때 활약하기도 했어요. 당시 독일군은 암호 기계인 '에니그마'를 통해 정보를 주고받으며 전쟁을 승리로 이끌었고, 이에 연합국인 영국, 프랑스, 미국은 에니그마의 암호를 풀려고 많은 노력을 했지요. 영국 정부의 요청을 받은 튜링은 1943년 겨울에 세계 최초의 연산 컴퓨터인 '콜로서스'를 만들어 1944년 봄, 독일군의 암호 해독에 성공했습니다.

▲ 독일군의 암호 기계, 에니그마

전쟁이 끝난 후에도 튜링은 인공지능 연구에 몰두하여 **컴퓨터 공학에 지대한 업적을 남겼고**, 많은 사람이 그를 가리켜 '컴퓨터의 아버지' 또는 '인공지능의 아버지'라고 부르며 존경하고 있습니다.

▶ 앨런 튜링이 개발한 암호 해독기, 콜로서스

▶ **연산**: 식이 나타낸 일정한 규칙에 따라 계산함.

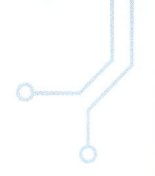

역사로 정보통신 읽기 | 자격루는 로봇일까?

보통 로봇이라 하면, 스스로 작업하는 능력을 갖춘 기계 장치를 가리켜요. 크레타섬을 하루에 세 바퀴씩 순찰했다는 그리스 신화 속 거대 청동 괴물, 탈로스가 최초의 로봇이라 알려졌지요.

중세 시대에 만들어진 자동인형도 초창기 로봇에 속합니다. 프랑스의 발명가 보캉송은 수영도 하고 꽥꽥거리며 음식을 먹고 똥도 싸는 기계 오리를 만들었어요. 일본에서는 찻잔을 나르거나 활을 쏘는 자동인형이 만들어지기도 했습니다.

우리나라 최초의 로봇은 조선 세종 때 장영실이 만든 자격루라고 할 수 있어요. 매일 정오마다 큰 항아리에 물을 담아 두면, 일정한 양이 긴 원통으로 흘러들고, 물받이에 점차 물이 차오르면 잣대가 떠올라 작은 쇠구슬이 굴러떨어지지요. 작은 쇠구슬은 큰 쇠구슬을 건드리고, 그 움직임이 전해지면 나무 인형은 종, 북, 징을 쳐 시간을 알렸습니다.

자격루의 작동 원리

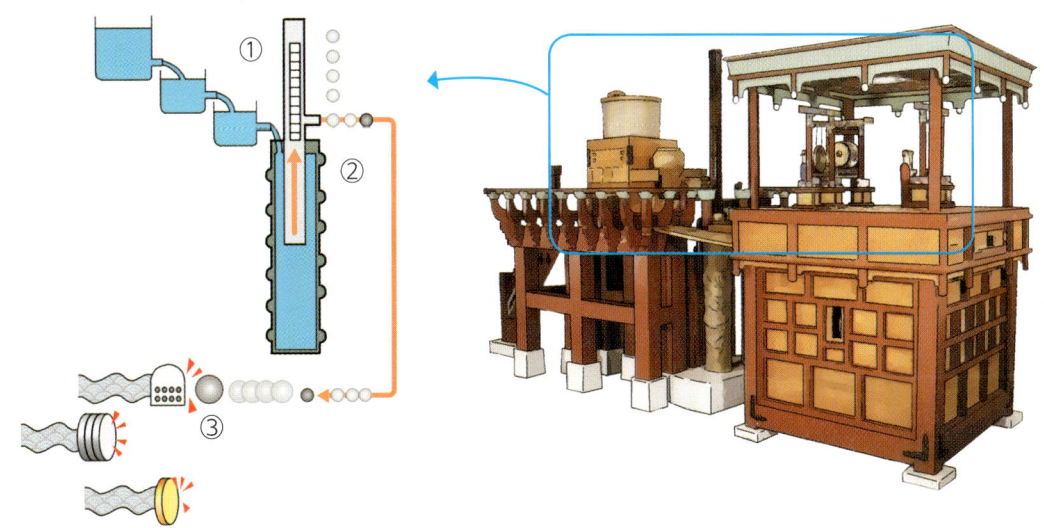

① 큰 항아리의 물이 일정한 속도로 작은 항아리를 거쳐 긴 원통으로 흘러간다.
② 긴 원통 속의 잣대가 떠오르면서 받침판을 떠밀어 작은 구슬을 건드려 떨어뜨린다.
③ 큰 구슬이 상자 안에서 움직이면 인형이 종, 북, 징을 울려 시간을 알린다.

2장 인공지능이란 무엇일까?

▶ **지능형** : 새로운 대상이나 상황에 부딪혀 그 의미를 이해하고 합리적인 적응 방법을 알아내는 지적 활동의 능력이 있는 유형.

▶ **향상시키다** : 실력, 수준, 기술 등이 나아지게 하다.
▶ **고철상** : 아주 낡고 오래된 쇠붙이를 사고파는 장사.

▶ **불과하다** : 그 수준을 넘지 못한 상태이다.
▶ **통하다** : 마음 또는 의사나 말 등이 다른 인간과 소통되다.

▶ [50쪽] 기숙사 : 학교나 회사 등에 딸려 있는 시설로, 학생이나 사원에게 저렴한 값으로 숙식을 제공함.

▶ **청천대낮** : 밝은 대낮을 강조하여 이르는 말.
▶ **참관하다** : 어떤 자리에 직접 나아가서 보다.

▶ [52쪽] 미션 : mission. 조직에서 중요하게 맡겨진 목표나 과제.
▶ [52쪽] 충전 : 전기 에너지를 모아 두는 일.

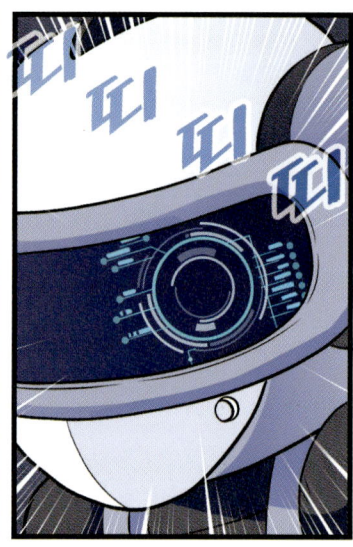

▶ **고철** : 아주 낡고 오래된 쇠. 또는 그 조각.
▶ **주제** : 변변하지 못한 처지.

▶ **큰코다치다** : 크게 봉변을 당하거나 무안을 당하다.
▶ **붙다** : 겨루다.

▶ **말썽** : 문젯거리를 일으키는 말이나 행동.
▶ **눈물겹다** : 눈물이 날 만큼 가엾고 애처롭다.

▶ [56쪽] 손해 : 물질적으로나 정신적으로 밑짐.
▶ 악질 : 못된 성질. 또는 그 성질을 가진 인간.

▶ 혈혈단신 : 의지할 곳이 없는 외로운 홀몸.
▶ [59쪽] 한잔하다 : 간단하게 한 차례 차나 술을 마시다.

▶ 바리스타 : barista. 커피에 관한 전문 지식을 갖추고 손님들에게 즉석에서 맛있는 커피를 만들어 주는 사람.

톡톡 과학 | 이색 로봇에 대해 알아볼까?

최근 로봇이 우리 일상 속에 자리 잡기 시작하였다. 바야흐로 로봇과 인간이 ▶공존하는 시대가 온 것이다. 대표적으로 안내 서비스 로봇과 청소 로봇, 바리스타 로봇이 있다.

안내 서비스 로봇 '소울웨어'는 2018년 평창 동계 올림픽과 평창 패럴림픽에서 해외 선수나 기자 등을 대상으로 통역과 안내 서비스를 담당하였다. 바리스타 로봇은 카페에서 일하며 고객이 컴퓨터나 스마트폰 앱으로 주문을 하면, 직접 커피를 내려 고객에게 전달해 준다. 청소 로봇은 자율 주행과 장애물 회피 기술 등이 있어서 언제 어디서나 가장 효율적인 동선을 찾아 청소한다.

이와 같은 발전은 아주 짧은 시간 동안 빠르게 진행되었다. 가까운 미래, 더욱 놀라운 로봇들이 우리 일상생활에 스며들 것으로 예상된다.

앞으로 어떤 이색 로봇이 나올지 기대되지 않니?

개성이 좀 없어 보이는데, 너희는 특기가 뭐야?

얘는 격투 전문 로봇 같은데?

아니, 난 연약한 소녀 로봇이야.

▶ **이색**: 보통의 것과 색다름. 또는 그런 것이나 곳.
▶ **공존**: 서로 도와서 함께 존재함.

톡톡 과학 인공지능이란 무엇일까?

인공지능이란 인간의 학습 능력과 사고 능력, 이해 능력 등을 컴퓨터 프로그램으로 실현한 기술이다. 현재까지 개발된 인공지능의 수준은 저장된 정보를 바탕으로 정해진 상황에서 작업을 수행하는 정도이지만, 앞으로는 컴퓨터가 인간처럼 사고하고 행동하는 단계까지 발전하리라 전망하고 있다.

하지만 인공지능의 발전을 ▶달갑지 않게 보는 시선도 있다. 인공지능이 범죄에 악용되거나 인간의 일자리를 빼앗을지도 모른다는 불안감 때문이다.

▶ 사고 : 생각하고 궁리함.
▶ 달갑다 : 거리낌이나 불만이 없어 마음이 흡족하다.

▶ **난폭해지다** : 행동이 몹시 거칠고 사나워지다.
▶ **수리** : 고장 나거나 허름한 데를 손보아 고침.

▶ [62쪽] 천재 : 선천적으로 티고난, 남보다 훨씬 뛰어난 재주를 가진 인간.
▶ [62쪽] 고장 : 기구나 기계가 제대로 움직이지 못하게 되는 기능상의 장애.

▶ 속셈 : 마음속으로 하는 궁리나 계획.
▶ 잠입 : 남몰래 숨어듦.

▶ **지구** : 인류가 사는 천체로, 태양에서 세 번째로 가까운 행성.
▶ **지배하다** : 어떤 인간이나 집단 등을 자기의 의사대로 복종하게 하여 다스리다.

▶ 세뇌 : 사람이 본래 가진 의식의 방향을 바꾸거나 기계적으로 특정 사상을 따르게 하는 일.
▶ 하수인 : 남의 밑에서 졸개 노릇을 하는 인간.

톡톡과학 인공지능은 어떤 학습 능력을 갖추고 있을까?

인공지능은 크게 기호를 사용해서 생각하는 인공지능과 뉴럴 네트워크를 사용해서 생각하는 인공지능으로 나뉜다. 여기서 뉴럴 네트워크란, 인간의 뇌 기능을 모방한 네트워크를 말한다.

뉴럴 네트워크 기술 중 하나인 딥 러닝은 데이터가 충분히 모이면 그 데이터의 특징을 자동으로 추출해 주는 것이 특징이다. 즉, ★컴퓨터가 마치 인간처럼 생각하고 배울 수 있도록 하는 학습 능력을 가리키는 것이다.

★**컴퓨터** : computer. 전자 회로를 이용한 고속의 자동 계산기. 숫자 계산, 데이터 처리, 사무 관리, 언어나 영상 정보 처리 등에 광범위하게 이용된다.

▶ **독학** : 스승이 없이, 또는 학교에 다니지 아니하고 혼자서 공부함.
▶ **알짱거리다** : 하는 일도 없이 자꾸 돌아다니거나 뱅뱅 돌다.

▶ 내기 : 금품을 거는 등 일정한 약속 아래에서 승부를 다투어 이긴 사람이 걸어 놓은 물품이나 돈을 차지함.

- ▶ **꼬맹이** : 어린아이를 낮잡아 이르는 말.
- ▶ **평판** : 세상 사람들의 비평.

▶ 정정당당하다 : 태도나 수단이 정당하고 떳떳하다.
▶ 시비 : 옳고 그름을 따지는 말다툼.

▶ 결판 : 옳고 그름이나 이기고 짐에 대한 최후 판정을 내리는 일.
▶ 소란 : 시끄럽고 어수선함.

▶ 대들다 : 요구하거나 반항하느라고 맞서서 달려들다.
▶ 눈치 : 남의 마음을 그때그때 상황으로 미루어 알아내는 것.

▶ 카리스마 : charisma. 대중을 따르게 하는 초인적인 자질, 대중 또는 조직 구성원을 복종하게 만드는 강한 능력.

▶ 고난도 : 어려움의 정도가 매우 큼. 또는 그런 것.
▶ 격투 : 서로 맞붙어 치고받으며 싸움.

인포그래픽 핵심 과학

🛜 로봇과 인공지능의 차이점

로봇 　 인공지능

하드웨어 | 인공지능 로봇 | 소프트웨어

하드웨어
인간과 유사한 모습과 기능을 가진 기계. 또는 무엇인가 스스로 작업하는 능력을 갖춘 기계

인공지능 로봇
인공지능이 적용된 로봇. 인간처럼 인지, 판단, 대화 가능

소프트웨어
인간의 학습 능력, 생각하는 능력, 말하는 능력 등을 컴퓨터 프로그램으로 실현한 기술

제조업용 로봇

제조업 분야에서 생산 자동화를 위하여 활용하는 로봇

자동차 　 전자 제품 　 조선(배)

서비스용 로봇

제조업 이외의 모든 로봇, 즉 가정이나 특정한 전문 영역에서 유용한 서비스를 제공하는 로봇

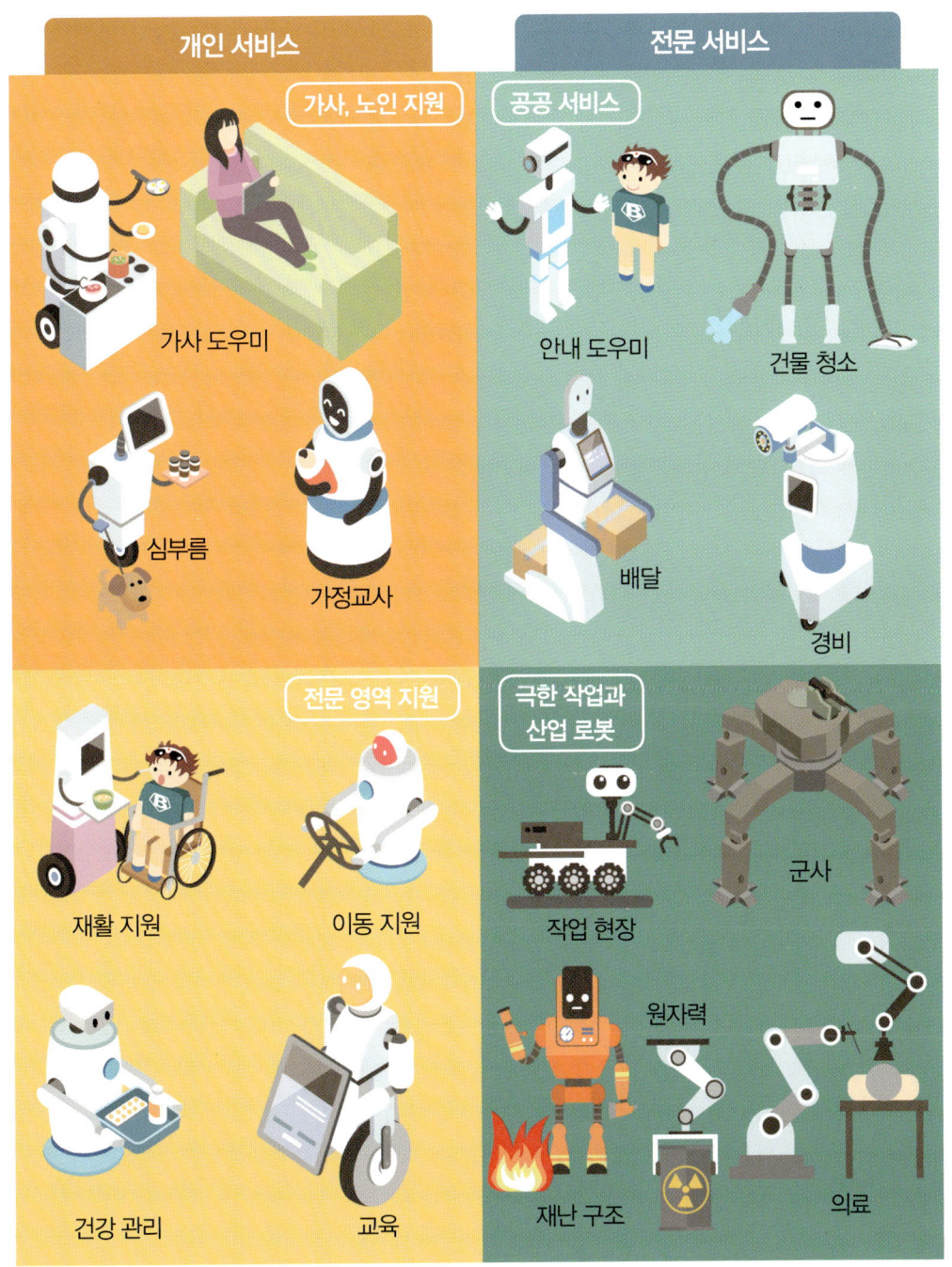

플러스 통합 과학

경제로 정보통신 읽기 세계의 로봇 산업은 어떻게 발달했을까?

상상의 세계에 머물거나 흥미로운 장난감에 불과했던 로봇은 20세기 후반에 들어와 산업 현장에서도 사용되기 시작했어요. 세계 최초의 산업용 로봇은 유니메이트로, 자동차 부품을 이동하거나 용접하는 일을 했지요.

1980년대에는 일본이 세계 산업용 로봇 시장의 반 이상을 차지했어요. 이 당시 로봇은 주로 자동차와 반도체 산업에 이용됐습니다.

1990년대 역시 일본을 중심으로 개인용 서비스 로봇이 많이 개발됐어요. 로봇견인 아이보와 인간형 로봇인 아시모가 유명하지요.

▲인간형 로봇인 아시모

2000년대에는 전문 서비스 로봇이 크게 발전했습니다. 이 시기에는 수술 로봇, 물류 로봇, 군사 로봇을 만드는 미국의 기업들이 급성장했지요.

현재는 인공지능, 센서 기술 등의 발달로 로봇의 활용 분야가 크게 확대되고 있어요. 더불어 4차 산업 혁명의 시대에 맞춰 인공지능 연구를 주도하는 소프트웨어 기업들의 활약이 두드러질 것으로 예상됩니다.

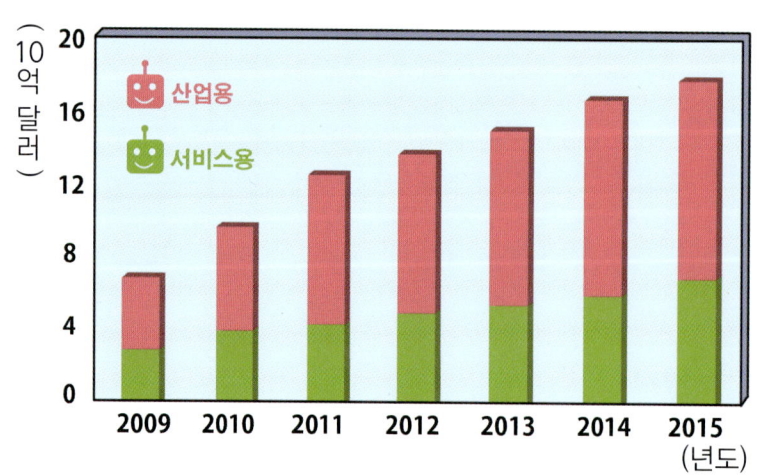

▲세계 로봇 시장의 규모(출처: 국제로봇협회)

▲군사용 로봇인 빅도그

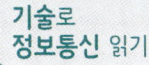 ## 우리나라의 로봇들을 알아볼까?

감정을 교류하는 로봇

인간과 시선을 맞추고 표정에 담긴 감정을 이해하며 그에 따라 기쁨, 슬픔, 분노 등 다양한 표정을 짓는 로봇이 있어요. 한국과학기술연구원(KIST)에서 개발한 '키보'는 이족 보행은 물론 얼굴 인식, 물체 인식, 립싱크 등의 기능을 통하여 인간과 감정을 표현하고 소통할 수 있는 인공지능 로봇입니다.

사람이 조종하는 이족 보행 로봇

사람이 탑승해 직접 조종할 수 있는 초대형 로봇이 우리나라의 기술로 개발되고 있어요. 한국미래기술에서 만들고 있는 메소드-2는 가슴 부위에 사람이 타서 로봇의 팔다리를 조종할 수 있지요. 무엇보다 4.2미터라는 거대한 크기를 가졌음에도 바퀴가 아닌, 두 다리로 움직일 수 있다는 장점이 있습니다.

안내 로봇과 청소 로봇

인천공항에 가면 여행객을 안내하는 안내 로봇과 바닥 먼지를 치우는 청소 로봇을 볼 수 있어요. 공항 내 지도를 저장하고 있어 넓은 공항에서도 가장 빠른 길을 찾아낼 수 있고, 카메라와 센서로 공간과 장애물을 인식해 붐비는 실내에서도 문제없이 돌아다닐 수 있답니다.

3장 인공지능 학습법은 무엇일까?

▶ 고철 : 아주 낡고 오래된 쇠. 또는 그 조각.
▶ [81쪽] 존재 : 현실에 실제로 있는 대상.

▶ 실례 : 말이나 행동이 예의에 벗어나는 행동. 상대의 양해를 구할 때 쓰는 경우가 많다.
▶ 허가 : 행동이나 일을 하도록 허용함.

▶ 담당 : 어떤 일을 맡음.
▶ 유일하다 : 오직 하나밖에 없다.

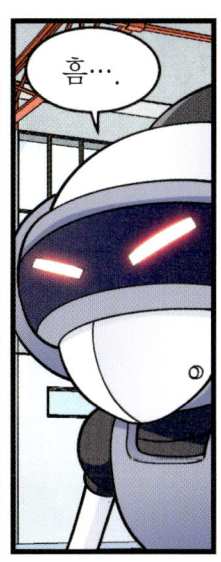

▶ [82쪽] 신분 : 개인의 사회적인 위치나 계급. 과거에는 사회관계를 구성하는 서열로, 제도상 등급에 따라 권리와 의무가 다르고 세습되는 것이 원칙이었다.

▶ 망각 : 어떤 사실을 잊어버림.
▶ 적대적 : 적으로 대하거나 적과 같이 대하는 것.

▶ 찜찜하다 : 마음에 꺼림칙한 느낌이 있다.
▶ 걸음아, 날 살려라 : 있는 힘을 다하여 매우 다급하게 도망짐을 이르는 말.

▶신변 보호 : 사람의 생명이나 신체에 대한 각종 위해의 발생을 방지하고, 그 신변을 보호하는 경비 업무.

▶ [86쪽] 요청하다 : 필요한 어떤 일이나 행동을 청하다.
▶ 옴짝달싹 : 몸을 아주 조금 움직이는 모양.

▶ 기절하다 : 두려움, 놀람, 충격으로 인해 한동안 정신을 잃다.
▶ [89쪽] 지레 : 어떤 일이 일어나기 전 또는 어떤 기회나 때가 무르익기 전에 미리.

▶ 축구 : 주로 발로 공을 차서 상대편의 골에 공을 많이 넣는 것으로 승부를 겨루는 경기. 11명이 팀을 이루며, 골키퍼 이외에는 손을 쓰면 안 되고 주로 머리와 발을 사용한다.

- ▶뜬금없다 : 갑작스럽고도 엉뚱하다.
- ▶자존심 : 남에게 굽히지 아니하고 자신의 품위를 스스로 지키는 마음.

▶ **본때를 보이다** : 다시는 잘못을 저지르지 아니하거나 교훈이 되도록 따끔한 맛을 보이다.
▶ **큰코다치다** : 크게 봉변을 당하거나 무안을 당하다.

▶ 골 : goal. 축구나 농구 등의 경기에서 공을 넣어 득점하는 일. 또는 그 득점.
▶ 심판 : 운동 경기에서, 규칙의 알맞음 여부나 승부를 판정함. 또는 그런 일이나 사람.

▶ [92쪽] 둘째가라면 서럽다 : 모두가 인정하는 첫째다.
▶ 식은 죽 먹기 : 거리낌 없이 아주 쉽게 예사로 하는 모양.

- ▶ **철벽** : 방어가 매우 튼튼함을 비유적으로 이르는 말.
- ▶ **골문** : 축구나 하키 등의 경기에서 공을 넣어 득점하게 되어 있는 문.

▶ [94쪽] 킥 : kick. 축구 등 구기 종목에서 공을 발로 차는 일.
▶ 획득 : 얻어 내거나 얻어 가짐.

톡톡 과학 인공지능의 머신 러닝이란?

머신 러닝 또는 기계 학습이란, 컴퓨터가 ▶방대한 데이터를 분석해서 미래를 예측하는 기술을 말한다. 컴퓨터는 데이터를 분석하고 학습하는 과정을 거치고 나면 ▶패턴을 인식할 수 있는 능력이 생기는데, 데이터가 쌓이다 보면 나중에는 인간이 입력하지 않은 정보에 관해서도 판단을 할 수 있게 된다.
머신 러닝의 하위 개념으로는 딥 러닝이 있다. 머신 러닝이 인간이 개입해 컴퓨터에 다양한 정보를 학습하게 한 뒤 그 학습 결과를 바탕으로 미래를 예측하는 기술이라면, 딥 러닝은 컴퓨터가 스스로 학습하고 미래 상황을 예측하는 기술이다. 대표적인 딥 러닝 기술을 이용한 인공지능으로는 구글 딥마인드에서 개발한 '알파고'가 있다.

딥 러닝은 머신 러닝의 한 분야야.

▶ **능가하다** : 능력이나 수준 등이 비교 대상을 훨씬 넘어서다.
▶ **발휘하다** : 재능, 능력 등을 떨치어 나타내다.

▶ [96쪽] 방대하다 : 규모나 양이 매우 크거나 많다.
▶ [96쪽] 패턴 : pattern. 일정한 형태나 양식 또는 유형.

▶ 호들갑 : 경망스럽고 야단스러운 말이나 행동.
▶ 만신창이 : 온몸이 상처투성이가 됨.

▶ 가소롭다 : 같잖아서 우스운 데가 있다.
▶ 위대하다 : 능력, 업적 등이 뛰어나고 훌륭하다.

▶ 보수하다 : 건물이나 시설 등 낡거나 부서진 것을 손보아 고치다.
▶ 소용없다 : 아무런 쓸모나 득이 될 것이 없다.

▶ [100쪽] 부서지다 : 단단한 물체가 깨어져 여러 조각이 나다.
▶ [100쪽] 페이크 : fake. 스포츠 경기에서 상대 선수를 속이기 위한 동작.

▶ 강화 : 수준이나 정도를 더 높임.
▶ [103쪽] 챔피언 : champion. 운동 종목 등에서, 우승 자격을 보유하고 있는 사람.

톡톡 과학 — 인공지능의 강화 학습이란 무엇일까?

강화 학습이란, 인공지능이 자신이 속한 환경에서 스스로 ▶시행착오를 거쳐 최적의 행동을 찾아내는 것을 말한다.

2016년, 기계와 인간의 역사적인 대결이 펼쳐졌다. 바로 바둑 ▶챔피언 이세돌 9단과 인공지능 바둑 프로그램인 알파고의 대결. 알파고는 인간과의 대결에서 승리하기 위해 하루에 3만 번의 바둑을 두며 전략을 짰고, 그러한 강화 학습의 결과 이세돌 9단을 꺾고 승리할 수 있었다.

▲ 알파고와 대결을 펼친 이세돌 9단

▶ **시행착오** : 목표에 도달하기 위한 행동에 있어서 확실한 방법을 몰라 막연히 시행과 착오를 되풀이하는 일.

▶ 방전 : 전기를 띠고 있는 물체가 전기를 잃는 현상.
▶ 종료 : 어떤 행동이나 일이 끝남. 또는 행동이나 일을 끝마침.

▶ [104쪽] 비겁하다 : 비열하고 겁이 많다.
▶ 인터셉트 : intercept. 축구·농구 등에서, 상대편의 패스를 중간에서 가로채는 일.

▶ 헝그리 정신 : 가난하고 굶주린 상태와 같이 아무것도 가진 것이 없는 듯한 마음가짐으로 무엇이든지 열심히 하는 자세.

톡톡 과학 | 인공지능의 온톨로지(ontology)란 무엇일까?

온톨로지란, 사람들이 세상에 대하여 보고 듣고 느끼고 생각하는 것을 서로 간의 토론을 통하여 합의한 바를 개념적이고 컴퓨터에서 다룰 수 있는 형태로 표현한 모델이다. 일종의 지식 표현으로, 정확한 정보를 찾을 수 있도록 하는 데 그 목적이 있다.

가장 먼저 온톨로지 개념을 적용한 컴퓨터 분야는 역시 인공지능 분야이다.

예를 들어 자동차와 오토바이가 있다면, 이것들은 탈것인 차에 속한다. 하지만 이를 좀 더 세부적으로 나누면 ▶사륜차와 ▶이륜차로 나눌 수 있다.

이러한 식으로 한 가지 단어 속에 있는 많은 정보를 파악하여 더욱 다채롭고 종합적인 생각을 할 수 있게 한 것이 바로 온톨로지이다.

▶ **사륜차** : 바퀴가 넷 달린 수레나 자동차.
▶ **이륜차** : 바퀴가 둘 달린 차를 통틀어 이르는 말. 자전거, 오토바이 등이 있다.

▶ **녹록하다** : 만만하고 상대하기 쉽다.
▶ **치명타** : 생명을 위협하는 타격.

인포그래픽 핵심 과학

인공지능, 머신 러닝, 딥 러닝의 관계

인공지능
사람의 지능을 기계를 통해 구현하는 기술

머신 러닝
학습을 통해 정보를 분석하고 상황을 예측하여 인공지능의 성능을 향상시키는 방법

딥 러닝
인간의 뉴런과 비슷한 인공 신경망으로 정보를 처리하는 기술

머신 러닝의 분류

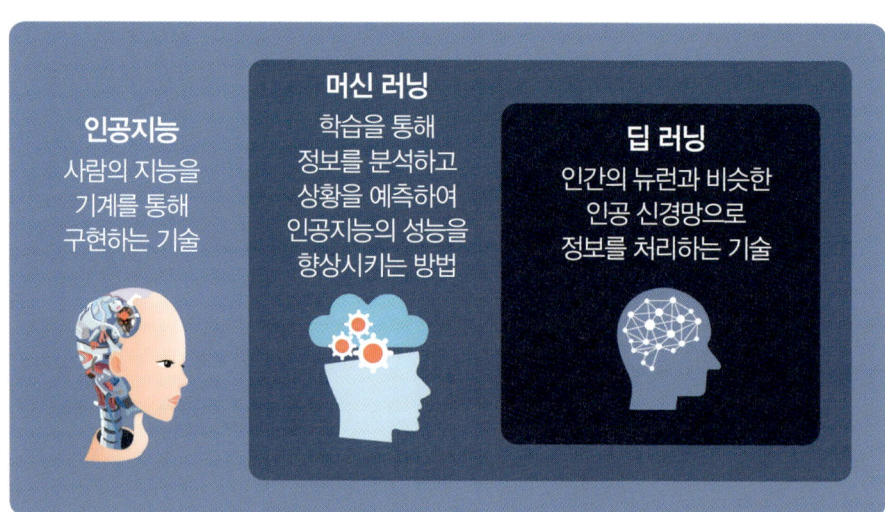

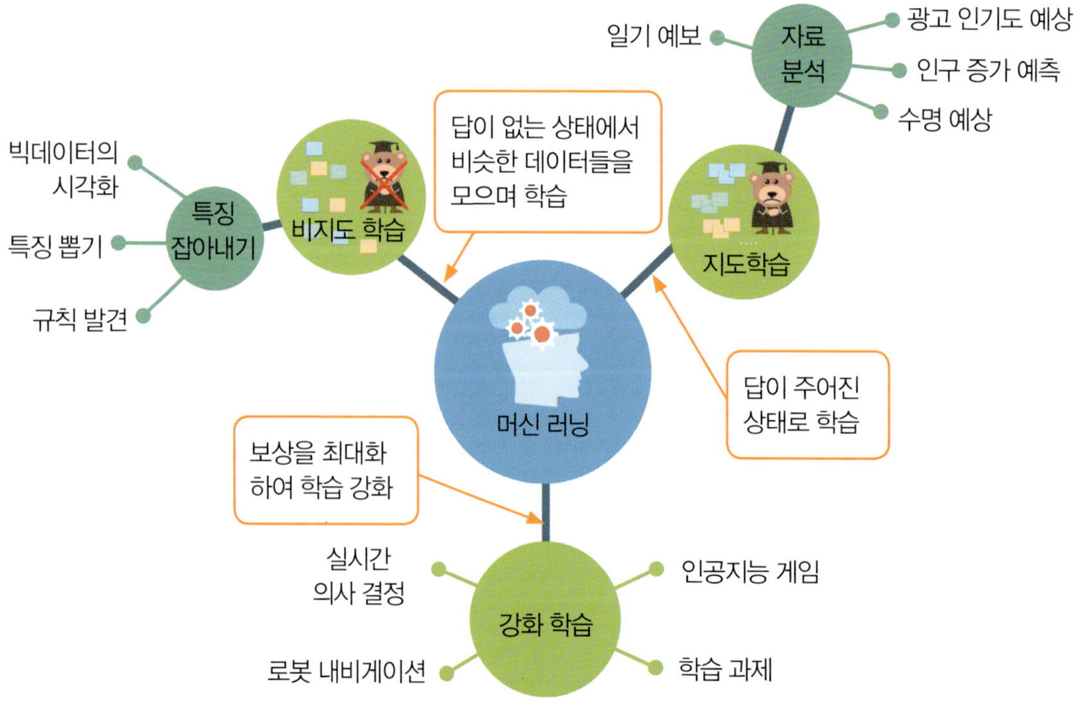

- 특징 잡아내기: 빅데이터의 시각화, 특징 뽑기, 규칙 발견
- 비지도 학습: 답이 없는 상태에서 비슷한 데이터들을 모으며 학습
- 지도학습: 답이 주어진 상태로 학습
  - 자료 분석: 일기 예보, 광고 인기도 예상, 인구 증가 예측, 수명 예상
- 강화 학습: 보상을 최대화하여 학습 강화
  - 실시간 의사 결정, 로봇 내비게이션, 인공지능 게임, 학습 과제

딥 러닝의 구현 원리

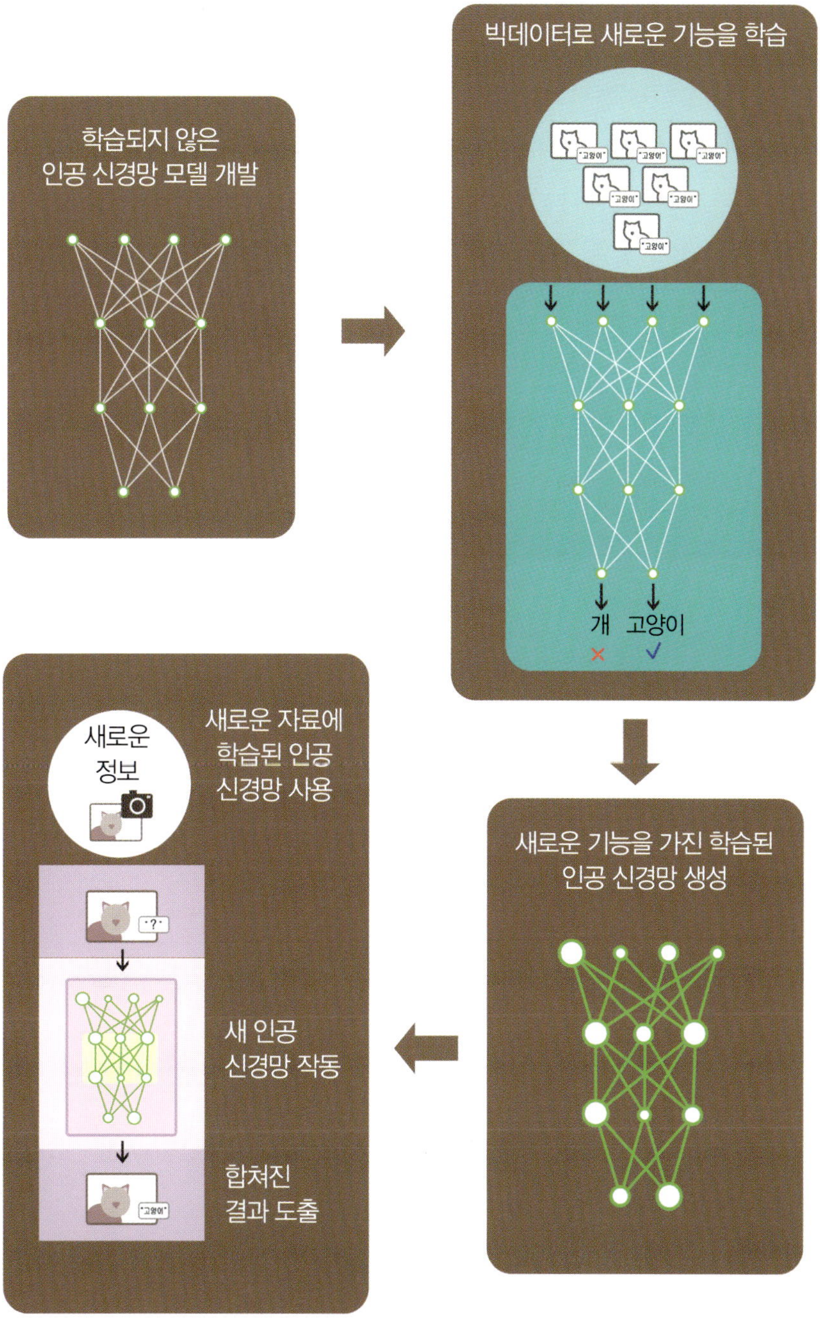

학습되지 않은 인공 신경망 모델 개발 → **빅데이터로 새로운 기능을 학습**

↓

새로운 기능을 가진 학습된 인공 신경망 생성

←

새로운 자료에 학습된 인공 신경망 사용
- 새 인공 신경망 작동
- 합쳐진 결과 도출

플러스 통합 과학

기술로 정보통신 읽기 빅데이터가 인공지능 발달에 영향을 줄까?

디지털 환경에서 만들어지는 엄청난 양의 정보를 빅데이터라고 해요. 그 규모가 방대하면서도 생성 주기가 짧고, 수치와 문자, 영상 등 속성이 다양하지요.

원래 빅데이터라 하면 양적인 개념만을 가리켰지만, 요즈음에는 그 개념이 확장되었어요. 생성된 수많은 정보를 분석하여 그중 가치 있는 정보를 뽑아내고, 여기서 얻은 지식과 정보를 바탕으로 문제를 해결하거나 미래를 예측하는 기술까지 가리키게 되었지요.

빅데이터는 딥 러닝이 발달하는 데 큰 역할을 했습니다. 딥 러닝은 컴퓨터가 스스로 요령을 터득해 가장 적절한 답을 찾는 학습 기술이에요. 이때 학습 경험이 많을수록 정확한 답을 찾을 수 있는데, 이것은 책을 많이 읽은 아이가 어휘가 풍부한 것과 같은 원리입니다.

그래서 인공지능이 발달하려면 정확하고도 알맞은 학습 정보가 많이 필요해요. 양질의 데이터를 많이 보유한 구글이나 아마존 같은 기업이 인공지능 발달을 이끌어 나가는 이유이기도 합니다.

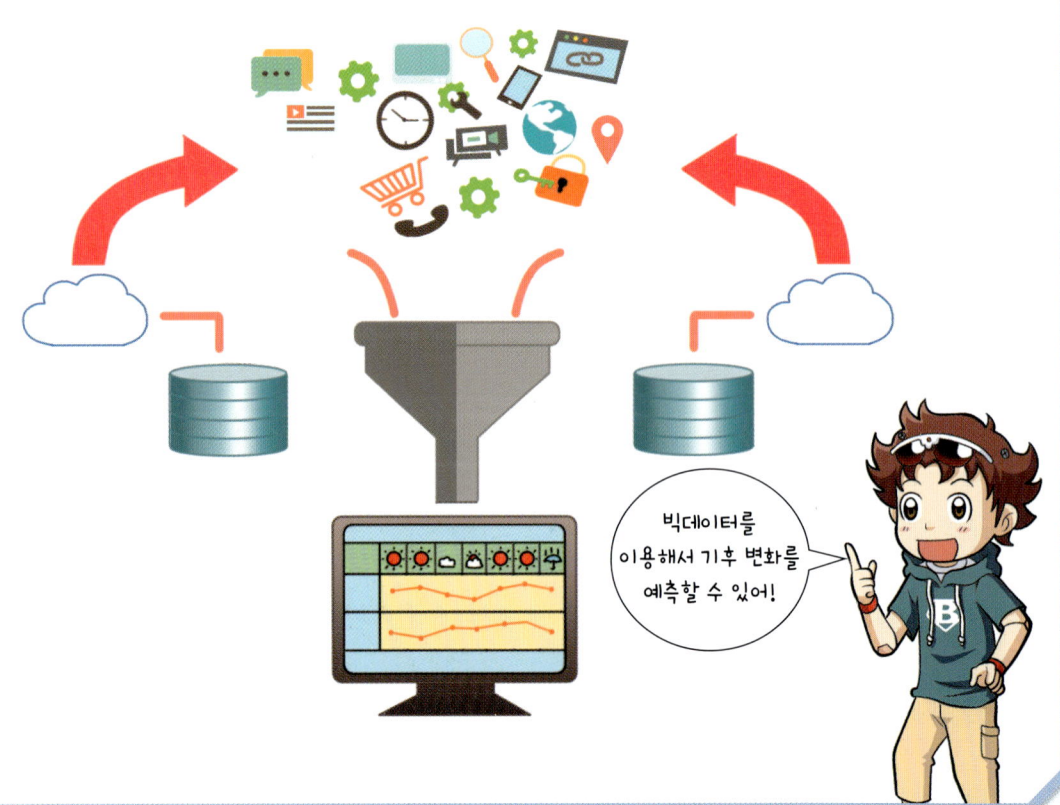

빅데이터를 이용해서 기후 변화를 예측할 수 있어!

생물로 정보통신 읽기 — 인공 신경망이 뇌를 따라 했다고?

감각 기관에서 받아들인 정보는 뇌로 전달되고, 뇌에서는 정보를 판단하여 명령을 내립니다. 이러한 일련의 과정은 신경 세포를 통해 일어나지요.

신경 세포는 '뉴런'이라고도 하는데, 이것은 그리스어로 '밧줄'을 뜻합니다. 길게 뻗은 돌기 모양이 밧줄을 닮았기 때문이지요. 뇌 안에는 약 천억 개에 달하는 뉴런이 복잡한 망을 이루고 있어요. 이러한 망을 통해 정보가 처리되며 이 과정을 모방하여 만든 알고리즘이 바로 인공 신경망입니다.

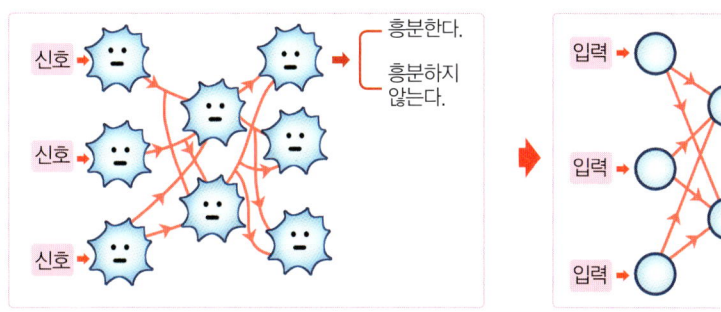

상식으로 정보통신 읽기 — 퀴즈쇼의 우승자가 사람이 아니다?

왓슨은 인간의 언어로 된 질문에 답할 수 있는 인공 지능 컴퓨터 시스템입니다. 2011년 2월, 미국의 인기 퀴즈쇼 '제퍼디'에 출연하여 우승하면서 유명해졌지요. 당시 왓슨은 냉장고 열 대 크기의 15조 바이트 메모리를 내장하고 있었으며, 여기에 수학, 과학, 인문학에 걸친 방대한 상식을 저장하고 있었어요.

▲ 퀴즈쇼에 출연하여 우승한 왓슨

현재 왓슨은 의학, 법학, 세금 규정, 소비자 서비스 등 전문 분야에서 활약 중이에요. 더불어 2016년에는 100여 편의 공포 영화 예고편을 학습한 다음, 24시간 만에 영화 〈모건〉의 새 예고편을 만들기도 했습니다.

4장 인공지능 로봇이 인간을 대신할 수 있을까?

▶ 꼴 : 어떤 형편이나 처지 등을 낮잡아 이르는 말.
▶ 구조대 : 일정한 장비를 갖추고 위험에 빠진 사람이나 물건을 구하는 사람들로 조직된 무리.

▶ 분하다 : 억울한 일을 당하여 화나고 원통하다.
▶ 정정당당하다 : 태도나 수단이 정당하고 떳떳하다.

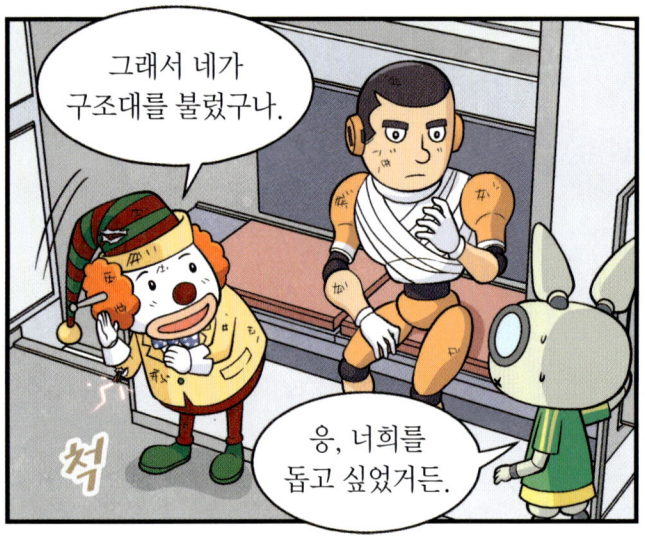

▶ **천만의 말씀** : 남의 칭찬이나 사례에 대하여 사양할 때 당찮음을 이르는 말.
▶ **감쪽같다** : 꾸미거나 고친 것이 전혀 알아챌 수 없을 정도로 티가 나지 아니하다.

▶ 광범위하다 : 범위가 넓다.
▶ 예의 : 존경의 뜻을 표하기 위하여 예로써 나타내는 말투나 몸가짐.

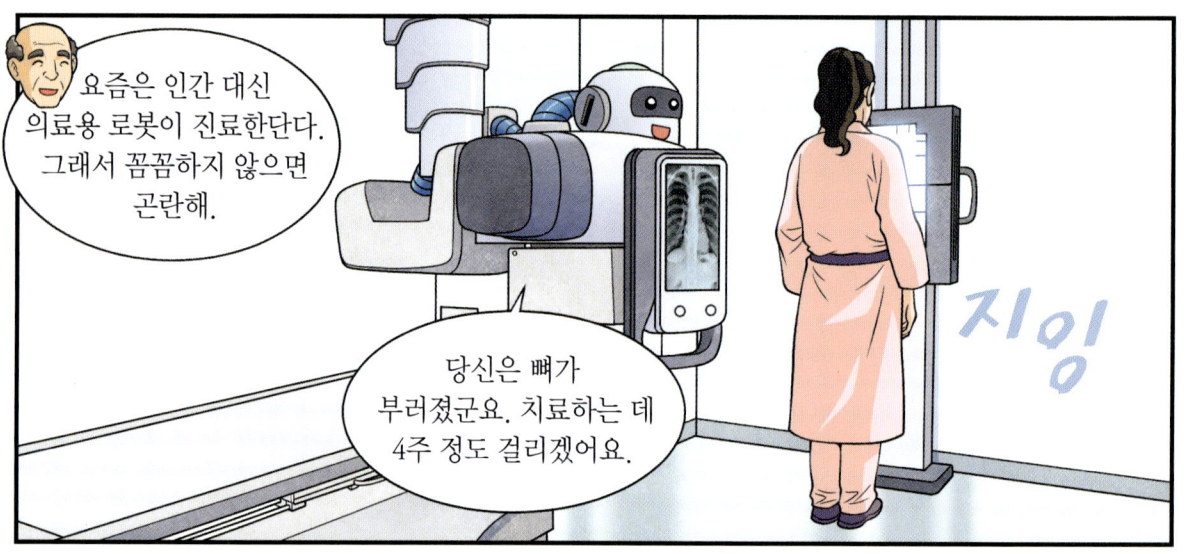

톡톡 과학 로봇이 수술을 할 수 있을까?

로봇 수술이란, 의사가 첨단 로봇 수술 기구를 ▶원격으로 조종하여 시행하는 수술 방법이다. 다빈치 수술 시스템은 로봇 수술 시스템 중 가장 대표적인 것으로, 수술의 ▶절개 부위를 최소화할 수 있다.
아직 로봇 스스로 환자의 상태를 판단하여 수술을 진행할 수는 없지만, 수술하는 의사의 미세한 손 떨림을 차단하고 시야 확보가 쉬워 좀 더 섬세하고 세밀한 작업이 가능하다. 그에 따라 환자의 회복은 빨라지고, 수술 부작용 또한 줄일 수 있어 앞으로 로봇 수술은 더욱 활성화될 것으로 예상된다.

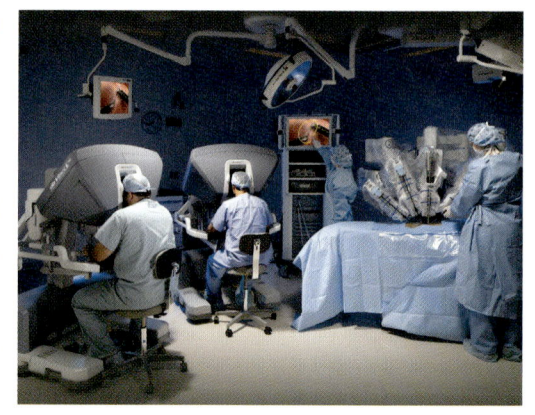

▲다빈치 수술 시스템으로 환자를 수술하는 모습

▶ 덜렁대다 : 침착하지 못하고 자꾸 가볍게 행동하다.
▶ 원격 : 멀리 떨어져 있음.

▶ [118쪽] 절개 : 치료를 위하여 몸 일부를 째어서 엶.
▶ 참사 : 비참하고 끔찍한 일.

▶ **단칼** : 단 한 번을 비유적으로 이르는 말.
▶ **파견** : 일정한 임무를 주어 사람을 보냄.

터널 사고 현장

맙소사, 생각보다 사고가 크게 났네!

어떻게 해. 다친 사람도 많아.

터널 안에 갇힌 사람이 몇 명인지 파악이 안 됩니다.

입구가 돌무더기로 막혀 있어서 확인이 안 되는군요.

제가 들어 올릴까요? 힘쓰는 거라면, 자신 있는데!

아니, ▶섣불리 힘을 썼다간 터널이 추가로 무너질 수 있어.

▶ 맙소사 : 어처구니없는 일을 보거나 당할 때 탄식조로 내는 소리.
▶ 섣불리 : 솜씨가 설고 어설프게.

▶ **도달하다** : 목적한 곳이나 수준에 다다르다.
▶ **촬영하다** : 사람, 사물, 풍경 등을 사진이나 영화로 찍다.

▶ [122쪽] 열악하다 : 품질이나 능력, 시설 등이 매우 떨어지고 나쁘다.
▶ 활용하다 : 충분히 잘 이용하다.

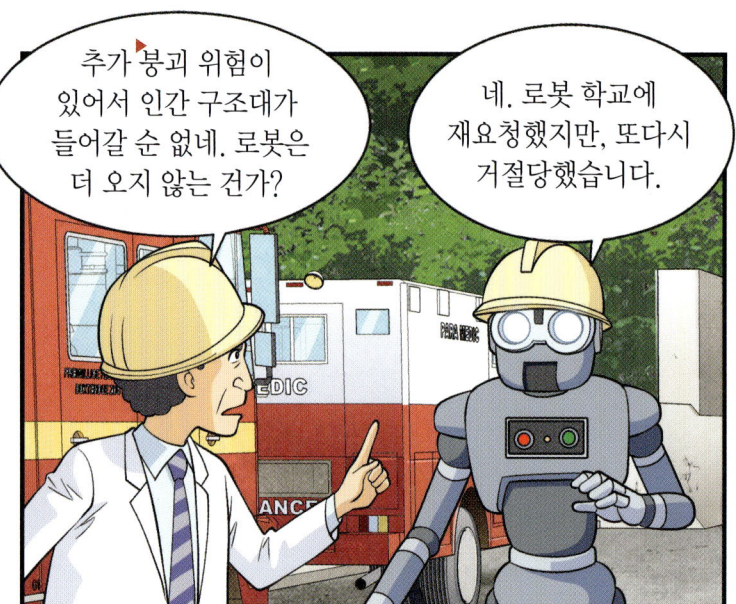

라이브 영상 재난 구조 로봇

재난 구조 로봇은 말 그대로 재난 상황에서 인간을 구조하기 위해 개발된 로봇이다. 전 세계 재난 현장에서는 많은 구조대원이 목숨을 잃는데, 재난 구조 로봇을 활용하면 이런 희생 또한 막을 수 있다. 로봇은 화재 현장에서 화재로 화상을 입거나 유독 가스에 질식할 일이 없어 장시간 구조 활동을 펼치는 데 문제가 없기 때문이다.
아직 재난 구조 로봇은 수색과 탐사 등 단순한 작업을 하는 수준에 머물러 있지만, 가까운 미래에는 직접 인명 구조를 하는 로봇 구조대를 볼 수 있을 것으로 기대된다.

▲ 위험한 재난 현장에서 구조 로봇을 활용하면 인명 피해를 막을 수 있다.

▶ **붕괴** : 무너지고 깨어짐.
▶ **뉴스** : news. 새로운 소식을 전하여 주는 방송의 프로그램.

▶ **인터뷰** : 특정한 목적을 가지고 개인이나 집단을 만나 정보를 수집하고 이야기를 나누는 일. 주로 기자가 취재를 위하여 특정한 사람과 가지는 회견을 이른다.

▶ 일다 : 없던 현상이 생기다.
▶ 진술하다 : 일이나 상황에 대하여 자세하게 이야기하다.

★**우주 탐사**: 우주선이나 인공위성에서 행성의 표면을 탐사하는 일.
▶[129쪽] **매몰자**: 흙이나 눈, 또는 건물의 잔해 등에 파묻힌 사람.

▶ **구세주**: 어려움이나 고통에서 구해 주는 사람을 비유적으로 이르는 말.

톡톡과학 우주 탐사 로봇은 어떤 일을 할까?

오래전부터 우주와 ★행성을 궁금해한 인간들은 지구와 가장 가까운 달부터 탐사를 시작하였고, 사람이 직접 갈 수 없는 화성과 소행성 등에 우주 탐사 로봇을 띄웠다.

제2의 지구라 불리는 화성에는 지금까지 여러 대의 로봇을 보냈고, 이들이 촬영한 대기와 토양 등 주변 환경을 담은 수많은 영상을 통해 화성의 다양한 정보가 지구로 전달되었다.

그 결과, 그동안 사막과 황무지로 뒤덮인 줄만 알았던 화성에 생명체가 살았던 흔적이 남아있고, 과거에 바다가 존재했다는 사실을 알 수 있었다.

▲ 2012년, 화성에서 자기 스스로를 촬영한 큐리오시티

★**행성** : 스스로 빛을 내지 못하고, 중심 별의 빛을 받아 반사하는 물체. 태양계에는 수성, 금성, 지구, 화성, 목성, 토성, 천왕성, 해왕성의 여덟 개 행성이 있다.

▶ 제보 : 정보를 제공함.
▶ 모함 : 나쁜 꾀로 남을 어려운 처지에 빠지게 함.

전문가 시스템이란 무엇일까?

전문가 시스템은 전문 분야의 지식을 많이 주입시켜서 예측할 수 있는 문제에 다양한 대응책을 미리 만들어 놓은 시스템으로 다양한 분야에서 사용되고 있다. 특히 환자의 상태를 파악해 병명을 진단하는 등 의료 현장에서 그 활용도가 높다.

하지만 이 시스템은 스스로 학습할 수 있는 능력이 없기 때문에 발생할 수 있는 상황과 그에 대한 대처, 판단 등을 전문가들이 얼마나 많이 설정해 두느냐에 따라 판단의 정확성이 갈린다는 단점이 있다.

전문가 시스템은 정보를 설정한 전문가의 지식을 뛰어넘을 수 없다는 한계가 있지.

▶ 사고하다 : 생각하고 궁리하다.
▶ [133쪽] 특종 : 어떤 특정한 신문사나 잡지사에서만 얻은 중요한 기사.

▶ **생방송** : 미리 녹음하거나 녹화한 것을 재생하지 아니하고, 프로그램의 제작과 방송이 동시에 이루어지는 방송.

▶ 증거 : 어떤 사실을 증명할 수 있는 근거.
▶ 삼십육계 줄행랑이 제일 : 위험이 닥쳤을 때 싸우기보다 우선 몸을 피하는 것이 좋다는 속담.

▶ **비상계단** : 화재나 지진 등의 비상사태가 일어날 때 피난하기 위하여 엘리베이터 외에 별도로 설치한 계단.

▶ **자책하다** : 자신의 결함이나 잘못에 대하여 스스로 깊이 뉘우치고 자신을 못마땅해하다.
▶ **체포하다** : 강제로 일정한 장소에 잡아 가두어 행동의 자유를 빼앗다.

▶ **묵비권** : 죄를 지은 자가 수사 기관의 조사에 대하여 자기에게 불리한 이야기를 거부할 수 있는 권리.

▶ **생존** : 살아 있음. 또는 살아남음.
▶ **경우의 수** : 특정한 사건이 일어날 수 있는 경우의 가짓수.

▶ 업그레이드 : upgrade. 성능을 기존 제품보다 뛰어난 새것으로 변경하는 일.
▶ 프로젝트 : project. 연구나 사업.

인포그래픽 핵심 과학

로봇에 들어 있는 기술들

센서 공학
레이저 센서와 카메라 센서로 물체를 알아보고 이동 경로를 정한다.

인공지능
로봇의 두뇌 역할을 하는 컴퓨터가 들어 있다.

전자 공학
로봇을 움직이게 하는 전력 공급 장치인 배터리가 들어 있다.

재료 공학
어떤 재료를 쓰느냐에 따라 로봇의 성능이 달라진다.

기계 공학
무릎을 꿇으면 정강이에 설치한 바퀴로 자동차처럼 주행한다.

생체 공학
생물체가 움직이는 원리를 이용한다. 손으로는 물건을 들어 올리거나 잡을 수 있고, 다리로는 걷거나 물건을 찰 수 있다.

휴머노이드, 사이보그, 안드로이드의 차이점

휴머노이드
인간의 신체와 유사한 형태를 지닌 로봇. 인간의 행동을 가장 잘 모방함

사이보그
생물과 기계 장치의 결합체. 인간의 뇌를 제외한 팔다리 등이 기계 장치로 교체된 로봇

안드로이드
겉모습은 물론 말과 행동이 사람과 거의 구별되지 않을 정도로 발달한 로봇

플러스 통합 과학

상식으로 정보통신 읽기 로봇에 관한 재미있는 상식을 알아볼까?

1. 로봇의 이미지는 왜 인간을 닮았을까?

1960~70년대 일본에서는 로봇을 소재로 한 애니메이션이 큰 인기를 끌었어요. 대표적인 캐릭터로는 인간의 외형과 마음을 지닌 로봇 소년 아톰이 있지요. 아톰이 우주를 누비며 악당을 쳐부수는 모습은 일본 어린이들뿐만 아니라, 전 세계 어린이들에게 아톰과 같은 이족 보행 로봇을 만들고 싶다는 꿈을 심어 주었어요. 이후에도 마징가 Z와 그랜다이저, 메칸더 V 등의 로봇 애니메이션이 사랑받으며 로봇은 인간을 닮은 이미지로 더욱 굳어졌습니다.

▲인간을 닮은 로봇의 모습이 큰 공감을 끌어내 상품 가치를 높인다.

2. 에어컨이나 전기밥솥, 스피커도 로봇일까?

스위치를 누르면 기계식 타이머가 돌아가고 정해진 시간이 지나면 보온으로 설정되는 과거의 전기밥솥과 같은 제품들은 단순한 기계에 불과했어요. 하지만 최근 들어 음성 인식, 원격 제어 등을 장착한 인공지능 가전제품이 출시되고 있지요. 집 안 온도와 습도에 맞춰 음성으로 에어컨을 가동시킬 수 있고, 음성 인식 스피커가 날씨에 맞춰 외출복을 추천하는 등의 편리한 미래가 우리 눈 앞에 다가와 있답니다.

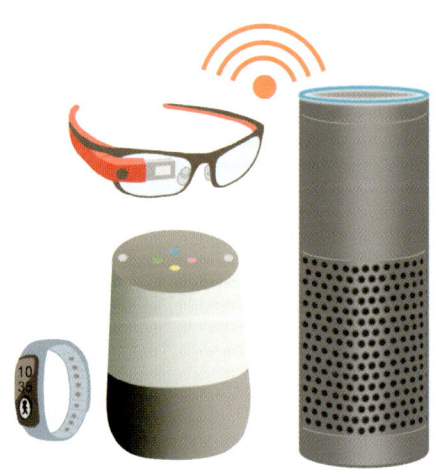

▲인공지능 가전제품들

| 수학으로 정보통신 읽기 | 알고리즘은 어디에 쓰일까?

알고리즘은 아랍의 수학자인 알 콰리즈미의 이름에서 따온 수학 용어예요. **주어진 문제를 논리적으로 해결하는 과정** 전체를 말하지요. 정확하게는 어떤 작업을 해결하기 위한 명령어의 집합인데, 명령은 반드시 시작과 끝이 있어야 합니다.

예를 들어 '비행기를 타고 부산에 간다.'라는 문제는 아래와 같은 알고리즘으로 해결할 수 있습니다. 순서도를 이용하면 알고리즘의 흐름을 쉽게 파악할 수 있지요.

알고리즘은 현대에 들어 컴퓨터에서 주로 활용됩니다. 컴퓨터는 무엇을 어떻게 처리해야 할지를 정확하게 알려 주어야 작동하기 때문이에요. 이때 **알고리즘을 컴퓨터가 이해할 수 있는 언어로 바꾸어 컴퓨터에 입력하는 작업을 코딩이라고 해요**. 코딩은 컴퓨터 프로그램을 만들 때 가장 기초적이면서도 필수적인 작업이라 근래에는 많은 사람이 코딩 교육에 주목하고 있지요. 이처럼 미래 사회로 갈수록 컴퓨터와 인공지능은 우리 삶에 더 큰 영향을 끼치게 될 것입니다.

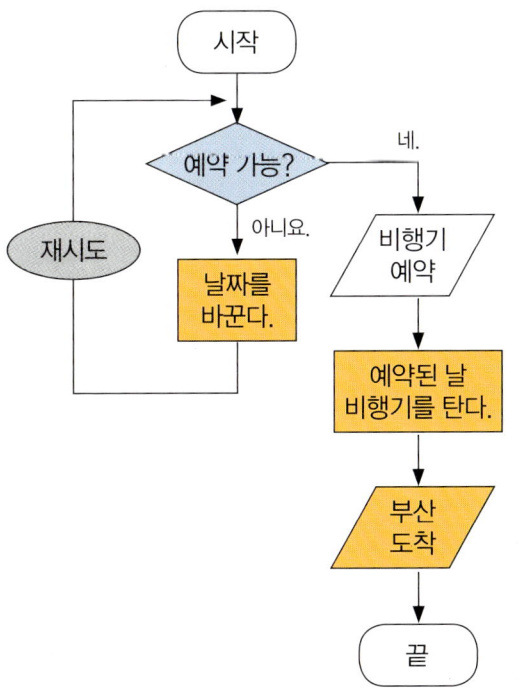

도형(기호)	순서도에서 맡는 역할
⬭	순서도의 시작과 끝을 나타낸다.
▭	자료의 연산, 이동 등 일을 순서대로 처리함을 나타낸다.
◇	조건을 비교, 판단해 흐름을 나눈다.
▱	자료의 입력과 출력을 나타낸다.
→	명령의 흐름을 나타낸다.

▲ '비행기를 타고 부산에 간다'에 관한 알고리즘.

5장 미래의 로봇은 어떤 기능을 가지게 될까?

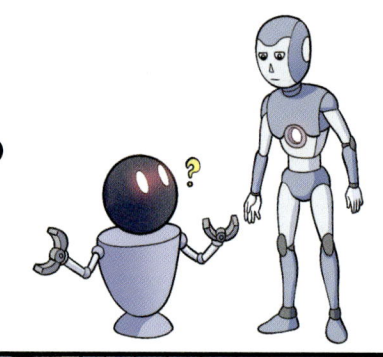

▶ **적대적** : 적으로 대하거나 적과 같이 대하는. 또는 그런 것.
▶ [145쪽] **스승님** : 자기를 가르쳐서 인도하는 사람.

▶ **면목이 없다** : 부끄러워 남을 대할 용기가 나지 않다.
▶ **의도** : 무엇을 하고자 하는 생각이나 계획. 또는 무엇을 하려고 꾀함.

★**감각 기관** : 동물의 몸에서 몸 밖의 감각을 받아들여 뇌에 전달하는 기관. 후각, 미각, 촉각, 시각, 청각 기관 등이 있다.

★ [146쪽] 센서 : 소리·빛·온도·압력 등을 검출하는 기계 장치.
▶ 재생 : 낡거나 못 쓰게 된 물건을 가공하여 다시 쓰게 함.

▶ **구형**: 예전의 방식이나 형식을 띤 모양.
▶ **부품**: 기계의 어떤 부분에 쓰는 물품.

★[148쪽] 메모리 칩 : 컴퓨터 등의 주기억 장치를 구성하는 칩.
▶분해 : 여러 부분이 결합되어 이루어진 것을 그 낱낱으로 나눔.

▶ 근래 : 가까운 요즈음.
▶ 잔상 : 지워지지 아니하는 지난날의 모습.

▶ **[150쪽] 공동체** : 생활이나 행동 또는 목적 등을 같이하는 집단.
▶ **죄책감** : 저지른 잘못에 대하여 책임을 느끼는 마음.

▶ **별안간** : 갑작스럽고 아주 짧은 동안.
▶ [153쪽] **사태** : 일이 되어 가는 형편이나 상황. 또는 벌어진 일의 상태.

▶ 수습하다 : 어수선한 사태를 거두어 바로잡다.
▶ 날벼락 : 뜻밖에 당하는 불행이나 재앙 등을 비유적으로 이르는 말.

▶ **음침하다** : 분위기가 어두컴컴하고 스산하다.
▶ **감옥** : 죄인을 가두어 두는 곳.

▶ [154쪽] 행세 : 해당되지 아니하는 사람이 어떤 당사자인 것처럼 처신하여 행동함.
▶ 설립자 : 기관이나 조직체 등을 새로 만들어 세운 사람.

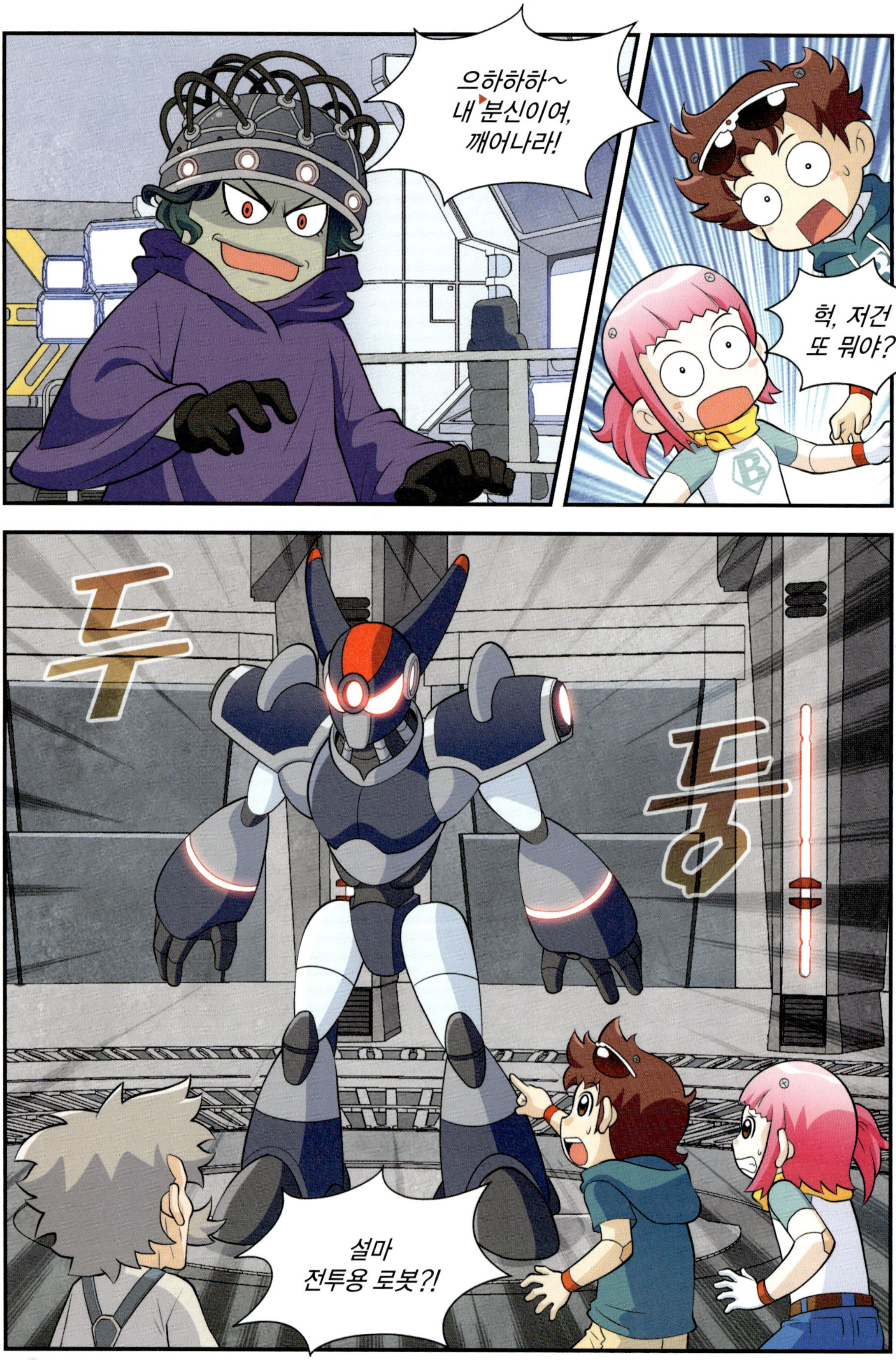

▶분신 : 어떤 단체나 물건의 주가 되는 부분에서 갈라져 나온 것.
★[157쪽] 광선 : 빛 에너지가 퍼지는 경로를 나타내는 선.

★레이저 : laser. 공간에 넓게 퍼져 있는 에너지를 빛이 한데 엉겨 붙는 성질을 이용하여 한 곳에 집약시킨 것.

★안테나 : antenna. 공중에 세워서 다른 곳에 전파를 내보내거나 다른 곳의 전파를 받아들이는 장치.

뇌파로 조종이 가능한 로봇이 있다고?

우리 뇌에는 수천억 개의 신경 세포인 뉴런과 시냅스가 있다. 생각을 하고 새로운 정보를 받아들일 때마다 이 뉴런과 시냅스가 자극을 받는데, 이때 발생하는 전류를 '뇌파'라고 부른다.

이러한 뇌의 활동 과정은 컴퓨터의 처리 방식과 닮아서 과학자들은 뇌의 신호를 받아 컴퓨터를 조작하는 기술인 BCI(Brain-Computer Interface, 뇌·컴퓨터 인터페이스)를 개발하였다. BCI는 인간의 두뇌와 컴퓨터를 직접 연결하여 뇌파를 통해 컴퓨터를 제어하는 기술이다. 뇌파의 자극을 인식하는 장치가 뇌파를 받아들인 후, 이를 분석해 입출력 장치에 명령을 내리면 BCI 기술이 구현되는 것이다.

2012년, 미국 스탠퍼드 대학 연구팀에서는 생각을 글로 표현해 주는 '아이브레인'이라는 뇌파 탐지기를 만들어 세계적인 물리학자 스티븐 호킹 박사에게 적용하였다. 기업가이자 발명가인 일론 머스크는 초소형 인공지능 기기 '뉴럴 레이스'를 인간의 뇌에 삽입해 지능을 강화하는 기술을 연구하고 있다.

BCI 기술은 건강 악화로 말하기가 어려워진 호킹 박사의 생각을 읽어 표현해 냈어.

▲ 루게릭병으로 움직임이 불편했던 스티븐 호킹 박사

▲ 영화 〈아이언맨〉의 실제 모델로 유명한 일론 머스크

이건 뭐지? 벌레처럼 생긴 로봇이네!

스타인 박사는 각 동물의 특성을 살린 로봇을 연구했단다. 이 로봇은 곤충처럼 물체에 붙어서 상태를 확인하는 특성을 가진 것 같아.

▶ 세포 : 생물체를 이루는 기본 단위.
★ 전류 : 물체가 띠고 있는 정전기가 이동하는 현상.

▶ **시시껄렁하다** : 신통한 데가 없이 하찮고 꼴답잖다.
▶ **차선책** : 최선책에 다음가는 방책.

라이브 영상 생체 모방 로봇

태초 이래 존재하는 생명체는 오랜 세월 지구 환경에 적응하도록 진화해 왔고, 과학자들은 이 같은 곤충이나 동물의 능력을 응용해 생체 모방 로봇을 만들기 시작했다.

빛에 반응하는 특성을 이용한 가오리 로봇부터 뛰어난 시각을 활용한 잠자리 로봇, 위치 세포와 방향 탐지 능력을 이용해 만든 쥐 로봇 등 생물을 본뜬 다양한 로봇이 개발 중이다.

▲ 불규칙한 환경에서 더 효과적으로 움직일 수 있도록 바퀴 대신 곤충의 다리를 본떠 만든 로봇

▶ **탐지** : 드러나지 않은 사실이나 물건 등을 더듬어 찾아 알아냄.
▶ **태초** : 하늘과 땅이 생겨난 맨 처음.

▶ **섬모** : 세포의 표면에 돋아나 있는 가는 실 모양의 구조. 짚신벌레와 같은 하나의 세포로 이루어진 생물이나 포유류의 기관지 등에 있으며 운동 능력을 지닌 세포의 한 부분.

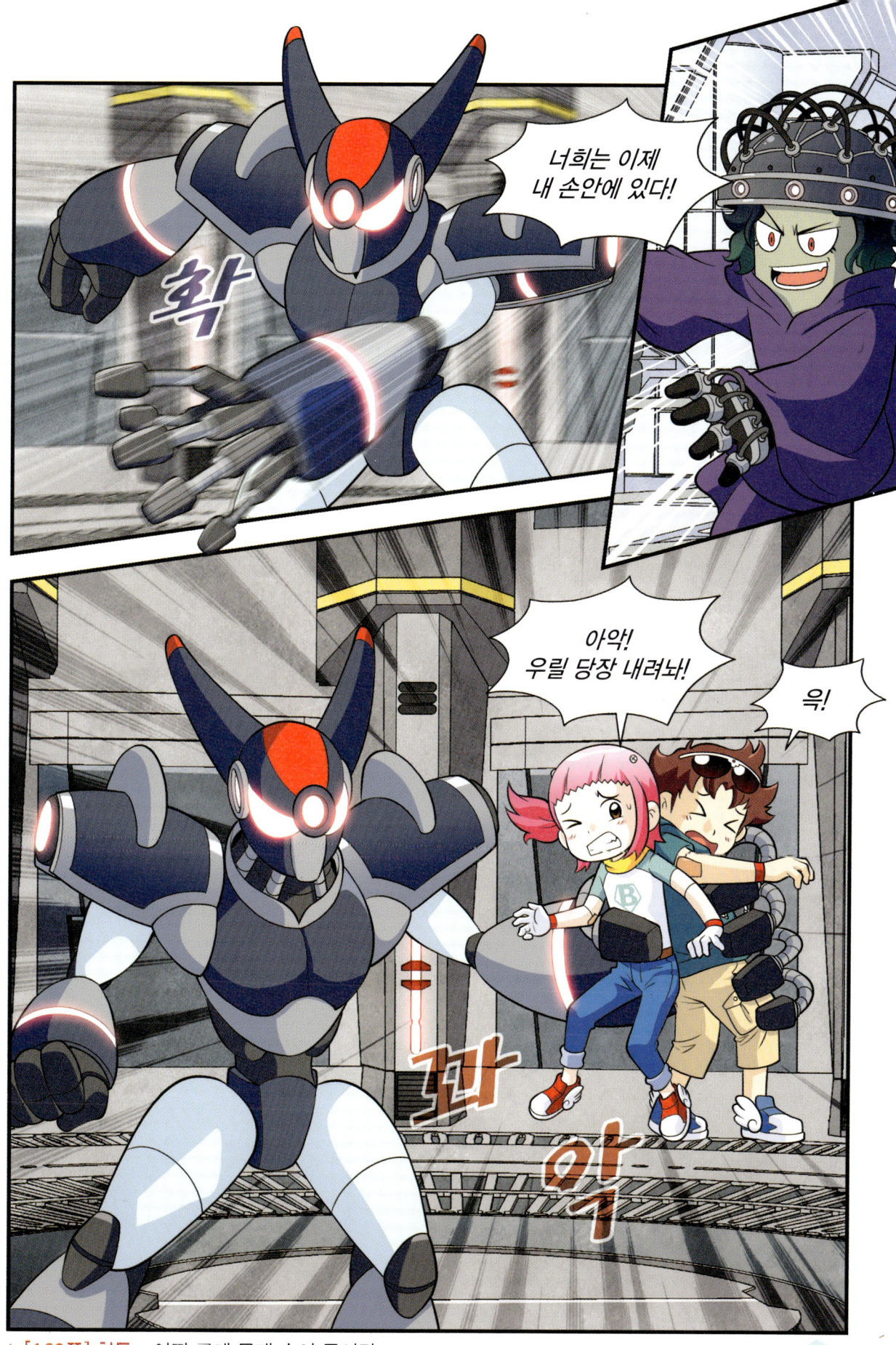

▶[162쪽] 침투 : 어떤 곳에 몰래 숨어 들어감.
▶[162쪽] 하수인 : 남의 밑에서 부하 노릇을 하면서 잔심부름을 하는 사람.

▶ 발버둥이 : 온갖 힘이나 수단을 다하여 애를 쓰는 일을 비유적으로 이르는 말.
▶ [165쪽] 버튼 : button. 전기 장치에 전류를 끊거나 이어 주며 기기를 조작하는 장치.

▶ **스프링클러** : sprinkler. 물을 흩어서 뿌리는 기구. 건물의 천장에 설치하여 실내 온도가 70℃ 이상이 되면 자동으로 물을 뿜는 자동 소화 장치로 사용.

▶ [167쪽] 감전 : 전기가 통하고 있는 물체에 신체 일부가 닿아서 순간적으로 충격을 받는 것으로, 화상을 입거나 목숨을 잃기도 함.

▶후퇴 : 뒤로 물러남.
▶애송이 : 애티가 나는 사람이나 물건.

▶ 나자빠지다 : 뒤로 물러나면서 넘어지다.
▶ 헐레벌떡 : 숨을 가쁘고 거칠게 몰아쉬는 모양.

▶ **손보다** : 혼이 나도록 몹시 때리다.
▶ **단독** : 단 한 사람.

▶ 폐교 : 학교 문을 닫고 수업을 중지하고 쉼.
▶ 선동하다 : 남을 부추겨 어떤 일이나 행동에 나서도록 하다.

▶ 폐기하다 : 못 쓰게 된 것을 버리다.
▶ 여론 : 사회 많은 사람의 공통된 의견.

▶ 헌신하다 : 몸과 마음을 바쳐 있는 힘을 다하다.
▶ 반란 : 정부나 지도자 등에 반대하여 내란을 일으킴.

톡톡 과학 싱귤래러티(singularity), 인공지능의 기술적 특이점이란 무엇일까?

미래학자 레이 커즈와일은 자신의 책 〈특이점이 온다〉에서 2045년에 '싱귤래러티'가 올 것이라고 예측한 바 있다.

싱귤래러티는 인공지능이 인류의 지능을 초월해 스스로 진화해 가는 시점으로, 이 시점이 오면 인간은 더 이상 인공지능을 ▶통제할 수 없다는 주장이다.

실제로 언제 싱귤래러티가 발생할지, 언제 그 시점이 올지는 누구도 예측할 수 없다. 다만, 그때를 대비해 대책은 미리 마련해야 할 것으로 보인다.

▲ 인공지능이 인간의 지능을 뛰어넘는 시점을 싱귤래러티라고 한다.

▶ **통제하다**: 일정한 방침이나 목적에 따라 행위를 제한하거나 제약하다.
▶ **매진하다**: 어떤 일을 온 마음과 온 힘을 다하여 해 나가다.

▶ 반박 : 어떤 의견, 주장, 논설 등에 반대하여 말함.
▶ 보장 : 어떤 일이 어려움 없이 이루어지도록 조건을 마련하여 보증하거나 보호함.

▶ 되풀이 : 같은 말이나 일을 자꾸 반복함.
▶ 음모 : 나쁜 목적으로 몰래 흉악한 일을 꾸밈. 또는 그런 꾀.

▶ 가교 : 서로 떨어져 있는 것을 이어 주는 사물이나 사실.
▶ 뉘우치다 : 스스로 제 잘못을 깨닫고 마음속으로 가책을 느끼다.

▶ **그릇되다** : 어떤 일이나 형편이 잘못되다.
▶ **이끌다** : 사람, 단체, 사물, 현상 등을 인도하여 어떤 방향으로 나가게 하다.

▶ 사죄 : 지은 죄나 잘못에 대하여 용서를 빎.
▶ 보육원 : 부모나 보호자가 없는 아이들을 받아들여 기르고 가르치는 곳.

인포그래픽 핵심 과학

인공지능 로봇이 가져올 긍정적인 미래

자율 주행

자율 배송

스마트 홈

구조 로봇

범죄 예측 및 예방

핀테크

맞춤형 교육

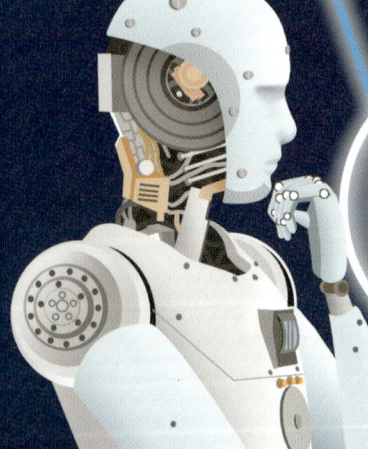

인공지능 로봇이 가져올 불안한 미래

플러스 통합 과학

경제로 정보통신 읽기 로봇 때문에 일자리를 잃게 될까?

로봇은 현재 모든 산업 분야에서 널리 쓰이고 있어요. 빠르고 정확하게 제품을 생산하는 조립 로봇부터 고도의 전문성을 요구하는 수술용 의료 로봇까지 그 활약이 대단하지요. 이 때문에 로봇이 사람의 일자리를 빼앗을 것이라는 불안한 예측도 나오고 있습니다.

특히 단순하고 반복적인 일은 이미 로봇에 그 자리를 빼앗기고 있어요. 전화 판매원, 환경미화원, 주방 보조, 안내원, 배달원, 가사 도우미 등이 로봇에 대체되어 사라질 대표적인 직업이지요. 이러한 예측들이 쏟아지자 사람들은 로봇의 활용 비중을 높이는 기업에 세금을 물려야 한다는 주장을 펼치기도 해요. 로봇을 이용한 업무 처리에 '로봇세'를 매겨 일자리를 잃은 사람들을 위해 써야 한다는 것입니다.

물론 머지않은 미래에 여러 일자리가 로봇으로 대체될 수도 있어요. 하지만 그만큼 새로운 개념의 일자리, 인공지능 로봇과 사람이 함께 일하는 업무 환경을 설계하는 전문가처럼 새로운 직업 역시 생겨날 것이랍니다.

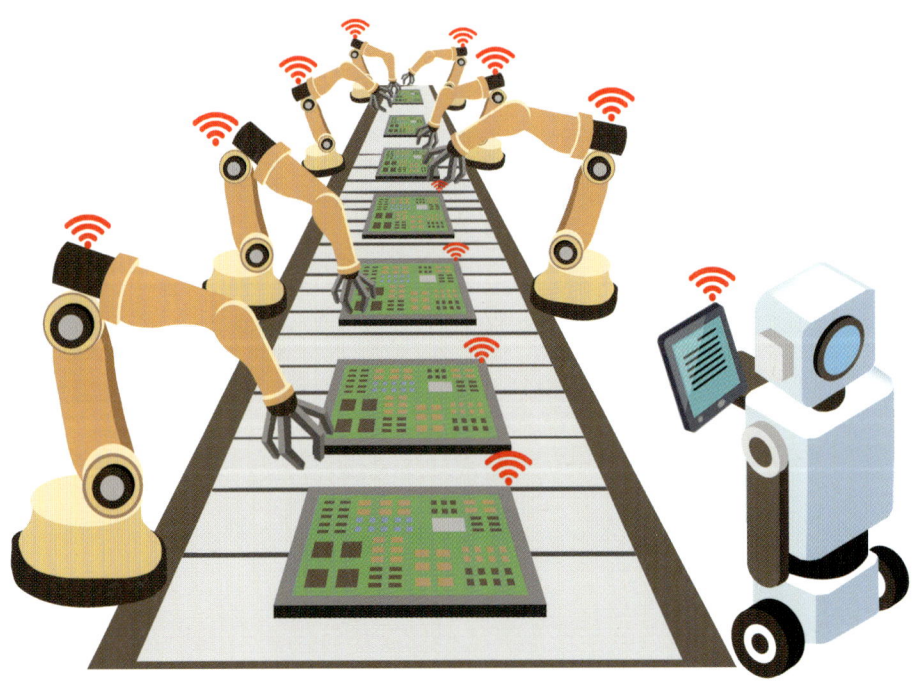

▲ 많은 작업 현장에서 로봇을 이용한 생산 자동화가 이루어지고 있다.

영화로 정보통신 읽기 — 싱귤래러티가 배경이 된 영화는?

미국의 미래학자 레이 커즈와일은 2045년 즈음, **인공지능이 모든 인간의 지능을 합친 것보다 강력해져서 인간이 인공지능을 통제할 수 없는 순간**이 올 것이라고 했어요. 이를 가리켜 기술적 특이점, 싱귤래러티(singularity)라고 합니다.

인공지능이 빠른 속도로 발전하자 이를 우려하는 사회 분위기를 타고 싱귤래러티는 널리 쓰이게 되었고, 이를 소재로 여러 영화가 만들어지기도 했어요. 대표적인 작품으로는 인공지능 컴퓨터인 스카이넷이 인류의 종말을 가져온다는 내용의 〈터미네이터〉 시리즈가 있습니다.

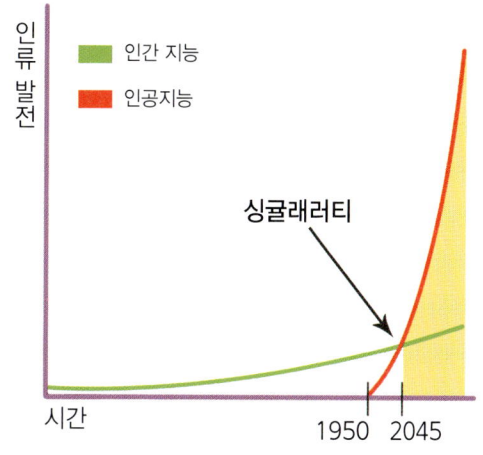

상식으로 정보통신 읽기 — 로봇들이 축구 월드컵을 한다고?

인간 대신 로봇들이 시합을 뛰는 축구 경기가 있어요. 바로 **1997년에 시작된 세계 로봇 월드컵**이지요. 이 대회에서는 최첨단 로봇이 사람의 조종 없이 자신의 판단에 따라 움직입니다. 같은 팀 선수에게 송곳 같은 패스를 날리는 것은 물론, 상대 팀 로봇 선수와 몸싸움하는 것도 마다하지 않아요. 머리에 달린 카메라가 눈이 되어 인간처럼 상황을 파악하고 명령을 내리지요.

이 대회를 개최한 로봇학자들의 최종 목표는 2050년에 로봇과 인간이 직접 축구장에서 맞붙어 승리하겠다는 것입니다. 만약 그 축구 대회에서 로봇이 인간을 이긴다면, 인간보다 더 예민하고 민첩한 운동 신경을 가진 로봇이 등장하는 셈이지요.

▲축구공을 사이에 두고 로봇 선수들이 치열하게 다투는 모습

도전! 과학 퀴즈

★모바일 과학 게임★
스마트폰으로 QR코드를 찍으면 설치 페이지로 이동!

1번 아라가 가로세로 퍼즐을 풀고 있어요. 아라를 도와 함께 퍼즐을 풀어 보세요.

	②인					
①인						
						④알
			③알			
	망					리
	⑤강					

가로 열쇠
① 사람의 지능을 기계를 통해 구현하는 기술이다.
③ 구글이 개발한 인공지능 로봇으로, 프로 바둑 기사 이세돌과의 바둑 대결에서 이겼다.
⑤ 인공지능이 스스로 시행착오를 거쳐 최적의 행동을 찾아내는 것을 말한다.

세로 열쇠
② 뉴런이 이루는 복잡한 신경망을 모방하여 만든 알고리즘이다.
④ 수학자인 알 콰리즈미의 이름에서 따온 수학 용어로, 주어진 문제를 논리적으로 해결하는 과정 전체를 말한다.

2번   누리를 도와 가로세로 퍼즐을 풀어 보세요.

가로 열쇠

① 인공지능이 인류의 지능을 초월해 스스로 진화해 가는 시점을 말한다.
② 조선 세종 때 장영실이 만든 기계로, 우리나라 로봇의 조상이다.
③ 전문 분야의 지식을 많이 주입시켜서 예측할 수 있는 문제에 다양한 대응책을 만들어 두는 기술이다.

세로 열쇠

④ 머신 러닝의 한 분야로 컴퓨터가 사람처럼 스스로 학습하여 예측하는 인공지능 기술이다.
⑤ 인공지능 판별법으로, 채팅을 통해 인간과 로봇을 구분하는 방법이다.

도전! 과학 퀴즈

3번 로봇에 대한 다음 설명을 읽고 빈칸을 채워 보세요.

①

'인간을 닮은 것'이라는 뜻이에요. 겉모습은 물론이고, 말과 행동이 사람과 거의 구별되지 않을 정도로 발달한 로봇을 가리켜요.
( )

② 머리와 몸통, 팔과 다리 등 인간의 신체와 유사한 형태를 지닌 로봇을 뜻해요. 인간의 행동을 가장 잘 모방할 수 있는 로봇으로, 인간형 로봇이라고도 하지요.
( )

③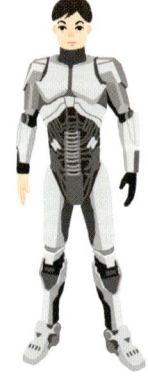

생물과 기계 장치의 결합체라는 뜻이에요. 인간의 뇌를 제외한 부분, 즉 팔다리를 비롯하여 몸 안의 기관 등을 기계 장치로 교체한 것을 말해요.
( )

〈보기〉

사이보그　　　　　　안드로이드　　　　　　휴머노이드

4번
다음 중 바른 내용에는 ○를, 바르지 않은 것에는 ×를 하세요.

① 인공지능 로봇은 인간과 유사한 사고 능력을 갖추고 있다. (   )

② 대부분의 로봇이 이족 보행으로 만들어지는 것은 만들기 쉽기 때문이다. (   )

③ 타이머가 돌아가는 구형 전기밥솥은 인공지능 로봇이 아니다. (   )

④ 인공지능 로봇은 사람이 지시해야만 움직일 수 있다. (   )

5번
아라와 누리는 무엇에 관해서 이야기하고 있을까요? 답 (   )

☐(은)는 인간의 언어로 된 질문에 답할 수 있어. 미국의 인기 퀴즈쇼에 출연하여 우승한 적도 있지. 수학, 과학, 인문학 등 여러 분야에서 모르는 게 없는 척척박사라고나 할까?

그뿐만이 아니야! 2016년에는 영화 예고편을 백여 편 보고 나서 24시간 만에 영화 〈모건〉의 예고편을 만들었대.

① 왓슨　　② 싱귤래러티　　③ 제퍼디　　④ 튜링

도전! 과학 퀴즈

6번 우등반 교실에 잠입하려는 철수 박사를 도와 교실문의 비밀번호를 알아맞혀 보세요. 답 (   )

〈힌트〉

(1) 카드의 그림과 설명을 잘 보고 사건이 일어난 순서에 맞춰 카드를 재배열하세요.
(2) 재배열한 카드의 순서대로 숫자를 읽으면 문을 열 수 있습니다.

2 IBM의 '왓슨', 퀴즈쇼에서 우승

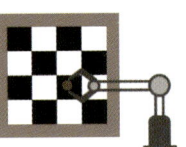

7 IBM의 '딥블루', 세계 체스 대회에서 우승

3 다트머스 회의를 통해 '인공지능'이란 용어 첫 등장

9 구글의 '알파고'가 프로 바둑 기사에게 승리

① 2-7-3-9　　　　② 3-7-2-9
③ 3-2-7-9　　　　④ 7-3-9-2

7번 다음의 ㉠에 해당하는 것에 관해 <u>잘못</u> 이야기하고 있는 친구는?

답 (   )

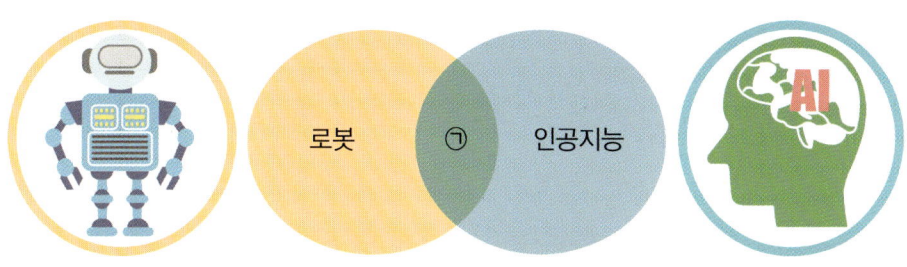

① 미국의 퀴즈쇼에서 우승한 왓슨도 이 로봇이야.

② 미래에 이 로봇의 역할은 점점 줄어들 거야.

③ 구글이 개발한 알파고도 이 로봇에 속해.

④ 요즘 나오는 가전제품은 대부분 이 로봇이지.

도전! 과학 퀴즈

8번 다음 중 서비스용 로봇을 모두 골라보세요. 답 (,   ,   )

① 조리 로봇

② 배달 전문 로봇

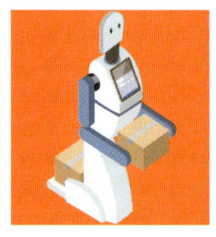

③ 심부름 로봇

④ 부품 조립 로봇

9번 학자들이 예측한 미래 모습 중 틀린 것을 찾아보세요. 답 (   )

㉠ 현재 산업 전반에 걸쳐 로봇이 활용되고 있다. 빠르고 정확하게 제품을 생산하는 조립 로봇부터 고도의 전문성을 요구하는 수술용 의료 로봇까지 그 종류도 다양하다.

이로 인해 ㉡ 로봇이 사람의 일자리를 빼앗을 것이라는 예측이 세계의 여러 연구소에서 속속 발표되고 있다. 물론 로봇이 일자리를 대체함과 동시에 ㉢ 미래에는 기존에 없던 새 일자리가 생겨날 것이다.

하지만 ㉣ 서비스 제공이 주된 업무인 선생님, 의사 등이 가장 먼저 사라질 직업이 될 것이다.

① ㉠   ② ㉡   ③ ㉢   ④ ㉣

생각보다 퀴즈를 잘 맞히는군!

10번 아라, 누리, 삐에가 머신 러닝에 관해 배우고 있어요. 머신 러닝의 활용 예로 <u>틀린</u> 답을 말한 학생은 누구일까요? 답(   )

> 컴퓨터가 방대한 데이터를 분석해서 미래를 예측하는 기술을 머신 러닝이라고 한다.
> 컴퓨터가 데이터를 분석하고 학습하는 과정을 거치고 나면 패턴을 인식할 수 있는 능력이 생기는데, 데이터가 쌓이다 보면 나중에는 인간이 입력하지 않은 정보에 관해서도 판단을 할 수 있게 되지.
> 자, 그럼 머신 러닝을 탑재한 인공지능이 할 수 있는 일이 무엇인지 한번 말해 볼까?

① 누리 : 강아지 사진 속에 섞여 있는 고양이 사진을 찾아낼 수 있어요.
② 아라 : 환자의 상태를 확인해 진단할 수 있어요.
③ 삐에 : 로봇 스스로 환자의 증상에 맞춰 수술을 진행할 수 있어요.
④ 미니 빅터 : 날씨를 예측할 수 있어요.

도전! 과학 퀴즈

11번 다음에서 인공지능, 머신 러닝, 딥 러닝의 관계를 가장 잘 표현한 것은?   답(   )

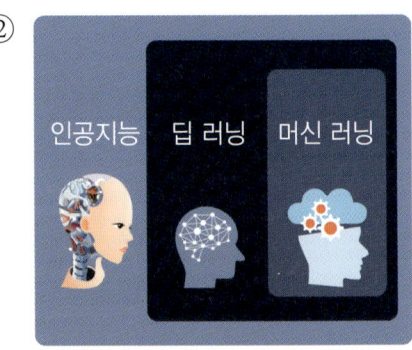

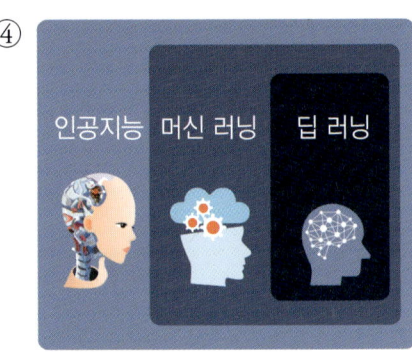

12번 아라가 미로에 갇혔어요. 인공지능이 함께하는 미래의 밝은 면만을 따라서 길을 찾아보세요.

힌트

 개인 정보 노출
 빈익빈 부익부
 범죄 예측 및 예방
 자율 배송
 스마트 홈
 핀테크
 자율주행 자동차의 사고
 맞춤형 교육

도전! 과학 퀴즈

13번 다음 괄호 안에 들어갈 알맞은 말을 찾아보세요.   답 (   )

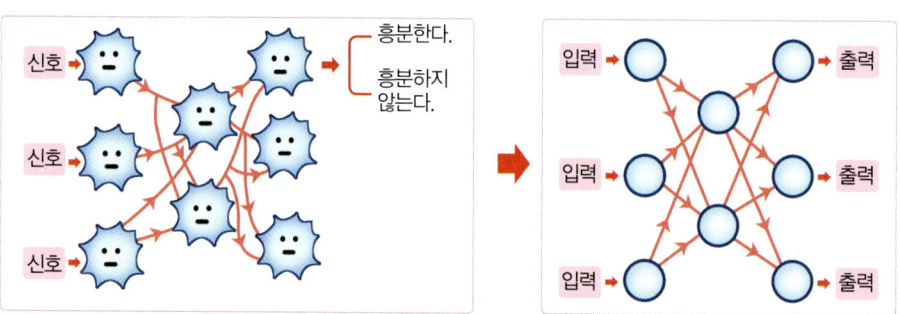

신경 세포는 (   )이라고도 하는데, 이것은 그리스어로 '밧줄'을 뜻합니다. 길게 뻗은 돌기 모양이 밧줄을 닮았기 때문이지요. 뇌 안에는 약 천억 개에 달하는 (   )이 복잡한 망을 이루고 있어요. 이러한 망을 통해 정보가 처리되며 이 과정을 모방하여 만든 알고리즘이 바로 인공 신경망입니다.

① 인공 신경망   ② 시맨틱 웹   ③ 알고리즘   ④ 뉴런

14번 다음 중 인공지능의 발전을 이끈 것을 모두 골라 보세요.

답 (,   ,   )

① 머신 러닝의 알고리즘
② 대체 에너지의 개발
③ 인간 수명의 증가로 인한 고령화 사회 진입
④ 빠른 속도로 발달하고 있는 컴퓨터의 성능
⑤ 디지털 환경에서 대규모로 생성되는 빅데이터

인공지능은 앞으로 얼마나 더 발전할까?

15번 개인 서비스를 제공하는 인공지능 로봇을 광고하려고 해요. 사람들이 관심을 가질 수 있도록 개인 서비스용 인공지능 로봇의 장점을 모아 홍보 문구를 작성해 보세요.

가장 편안한 우리 집

_____

_____

_____

_____

가사 일은 로봇에게 양보하세요!

도전! 과학 퀴즈 정답과 해설

1번

①인공지능
②인신경망
③알파고
④알고리즘
⑤강화학습

2번

①싱귤래러티
②자격루
③전문가시스템
④딥러닝
⑤튜링테스트

3번 답 ① 안드로이드, ② 휴머노이드, ③ 사이보그

4번 답 ① ○, ② ×, ③ ○, ④ ×
② 인간을 닮은 이족 보행 로봇의 외형이 공감하기 좋고 상품 가치가 높다. ④ 인공지능 로봇은 프로그램된 규칙에 의해서 자율적으로 움직인다.

5번 답 ①
왓슨은 인간의 언어로 된 질문에 답할 수 있는 인공지능 컴퓨터 시스템이다.

6번 답 ②
2는 2011년, 7은 1997년, 3은 1950년대, 9는 2015년에 일어난 일이다. 순서대로 나열하면 3729가 된다.

7번 답 ②
인공지능 로봇의 역할은 더욱 늘어날 전망이다.

8번 답 ①, ②, ③
④번은 제조업용 로봇이다.

9번 답 ④
전화 판매원, 환경미화원 등 단순하고 반복적인 일이 주된 업무인 직종은 규칙에 따라 움직이는 로봇에 대체될 확률이 높다.

10번 답 ③
머신 러닝은 아직 로봇이 스스로 판단해 수술할 정도에 이르지 못했고, 의사가 로봇을 원격으로 조종해 수술하는 수준이다.

도전! 과학 퀴즈 정답과 해설

11번 답 ④
머신 러닝은 학습을 통해 정보를 분석하고 상황을 예측해 인공지능의 성능을 향상시키는 기술이고, 딥 러닝은 머신 러닝의 한 분야이다.

12번
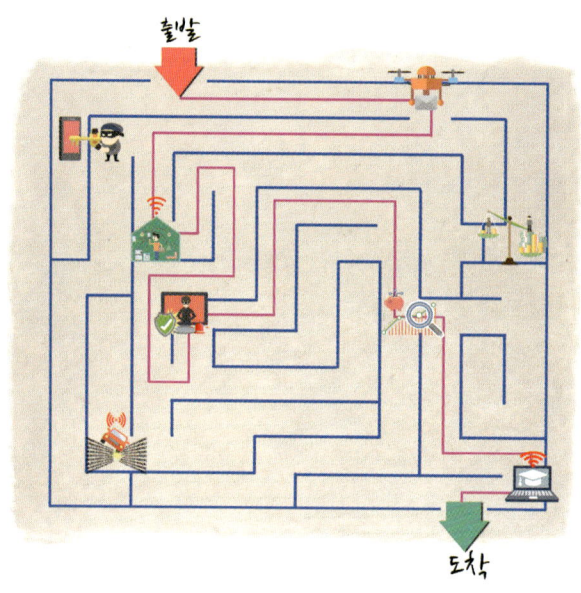

13번 답 ④

14번 답 ①, ④, ⑤
대체 에너지의 개발은 자원 고갈에 대비하는 방법이고, 고령화 사회 진입은 현재 우리 사회의 현상이다.

15번 답 예시
이제 부엌에서 식사 준비로 오랜 시간을 보내지 마세요!
요리와 청소, 아기 돌봄, 애완동물 산책까지
모두 개인 서비스용 로봇이 해 드립니다.
로봇이 일하는 동안 여러분은 충분한 여가를 누리세요.

자료 제공

사진 출처 14 로섬의 인조인간・위키피디아 22 엘런 튜링・위키피디아 46 애니그마・위키피디아 Punishar, 콜로서스・위키피디아 TedColes 78 아시모・위키피디아 Vanillase, 빅도그・위키피디아 DARPA 79 키보・연합뉴스, 메소드-2・한국미래기술, 안내 로봇, 청소 로봇・연합뉴스 103 이세돌 9단・연합뉴스 113 인공지능 컴퓨터 왓슨・연합뉴스 118 다빈치 수술・위키피디아 Intuitive Surgical, Inc 124 재난 구조 로봇・위키피디아 130 큐리오시티・위키피디아 159 스티븐 호킹・위키피디아 NASA, 일론 머스크・연합뉴스 161 생체 모방 로봇・위키피디아 Gadlopes 173 인공지능 로봇・셔터스톡 183 로봇 축구・연합뉴스

이 책에 사용한 모든 자료의 출처를 밝히기 위해 노력하였습니다. 누락되거나 잘못된 점이 발견되면 바로잡겠습니다.

인물을 파악하면 역사가 보인다!
LIVE 한국사

2016 소년조선일보 올해의어린이책 대상

- 증강 현실 역사카드 포함
- 세트 구매 시 대형 연표, 문제집 증정

초등 전 학년 | 200쪽 | 양장

LIVE 한국사 하나면 한국사능력검정시험 준비 끝!

LIVE 한국사 시리즈 (전 20권)

- 1권 선사 시대와 고조선
- 2권 고구려의 성장과 쇠퇴
- 3권 백제의 찬란한 문화
- 4권 신라의 발전
- 5권 통일신라와 발해
- 6권 고려의 건국
- 7권 무신 정권과 천민의 난
- 8권 고려의 쇠퇴
- 9권 조선의 건국과 발전
- 10권 훈구와 사림의 대립
- 11권 임진왜란 전후의 상황
- 12권 병자호란과 북벌
- 13권 실학과 서민 문화
- 14권 빗장을 연 조선과 계몽사상
- 15권 개화기와 독립 협회
- 16권 독립운동과 계몽사상
- 17권 무장 독립운동
- 18권 광복과 대한민국 임시 정부
- 19권 6.25와 경제 개발 계획
- 20권 대한민국의 발전